宋 洪邁 著

明崇禎三年刊

# 容齋隨筆

5

# 第五册

# 容齋五筆目錄

卷第一　十九則

卷第四 九則

卷第五 十五則

卷第八　十二則

卷第九　十二則

兩漢用人人元元字　韓公潮州表

燕賞逢知巳　端午貼子詞

卷第十　十二則

哀公問社　絶句詩不貫穿

農父田翁詩　衛宣公二子

謂端爲匹　唐人草堂詩句

公穀解經書曰　柳應辰押字

唐堯無後　斯須之敬

丙午丁未　祖宗命相

# 容齋五筆目錄

容齋五筆卷第一　十九則

天慶諸節

大中祥符之世諛佞之臣造爲司命天尊下降及天書等事於是降聖天慶天祺天貺諸節並興始時京師宮觀每節齋醮七日旋減爲三日一日後不復講百官朝謁之禮亦罷今中都未嘗舉行亦無休假獨外郡必詣天慶觀朝拜遂休務至有前後各一日此爲敬事司命過於上帝矣其當寖明甚惜無人能建白者

虢州兩刺史

唐韓休爲虢州刺史虢於東西京爲近州乘輿所至常税廐芻休請均賦它郡中書令張説曰免虢而與它州此守臣爲私惠耳休復執論吏白恐忤宰相意休曰刺史幸知民之弊而不救豈爲政哉雖得罪所甘心焉訖如休請盧杞爲虢州刺史奏言虢有官豕三千爲民患德宗曰徙之沙苑杞曰同州亦陛下百姓臣謂食之便帝曰守虢而憂它州宰相材也詔以豕賜貧民

遂有意柄任矣俄召入踰年拜相案兩人皆以虢州守臣言公家事而休見疑於名相杞受知於猜主遇合有命信哉

## 狐假虎威

諺有狐假虎威之語稚子來扣其義因示以戰國策新序所載戰國策云楚宣王問羣臣曰吾聞北方之畏昭奚恤也果誠何如羣臣莫對江乙對曰虎求百獸而食之得狐狐曰子無敢食我矣天帝使我長百獸今子食我是逆天帝命

也子以我爲不信吾爲子先行子隨我後觀百獸之見我而敢不走乎虎以爲然故遂與之行獸見之皆走虎不知獸畏巳而走也以爲畏狐也今王之地方五千里帶甲百萬而專屬之昭奚恤故北方之畏奚恤也其實畏王之甲兵也猶百獸之畏虎也新序並同而其後云故人臣而見畏者是見君之威也君不用則威亡矣俗諺盖本諸此

徐章二先生敎人

徐仲車先生爲楚州教授每升堂訓諸生曰諸君欲爲君子而勞巳之力費巳之財如此而不爲猶之可也不勞巳之力不費巳之財何不爲君子鄉人賤之父母惡之如此而不爲可也鄉人榮之父母欲之何不爲君子又曰言其所善行其所善思其所善如此而不爲君子者未之有也言其不善行其不善思其不善如此而不爲小人者未之有也成都冲退處士章詧隱者其學長於易太元爲范子功解述大旨再復攡

詞曰人之所好而不足者善也所醜而有餘者惡也君子能強其所不足而拂其所有餘則太元之道幾矣此子雲仁義之心予之於太元述斯而已或者苦其思艱其言迂溺其所以爲數而忘其仁義之大是惡足以語道哉二先生之教人簡易明白學者或未知之故表出於此

張呂二公文論

張文潛誨人作文以理爲主嘗著論云自六經以下至于諸子百氏騷人辯士論述大抵皆將

以爲寓理之具也故學文之端急於明理如知文而不務理求文之工世未嘗有是也夫決水於江河淮海也順道而行滔滔汩汩日夜不止衝砥柱絶吕梁放於江湖而納之海其舒爲淪漣鼓爲濤波激之爲風颷怒之爲雷霆蛟龍魚鼈噴薄出没是水之奇變也水之初豈若是哉順道而決之因其所遇而變生焉溝瀆東決而西竭下滿而上虚日夜激之欲見其奇彼其所至者蛙蛭之玩耳江河淮海之水理達之文也

不求奇而奇至矣激湍濆而求水之奇此無見於理而欲以言語句讀爲奇反覆咀嚼卒亦無有此最文之陋也一時學者仰以爲至言子作史采其語著於本傳中又呂南公云士必不得已於言則文不可以不工蓋意有餘而文不足則如吃人之辯訟心未始不虛理未始不直然而或屈者無助於辭而已矣觀書契以來特立之士未有不善於文者士無志於立言則已必有志焉則文何可以卑淺而爲之故毅然盡心

思欲與古人並此南公與人書如此予亦載之傳中

## 郎官非時得對

唐肅宗在靈武闕東獻俘百將即死有歎者司膳員外郎李勉過而問之曰被脅而官非敢反勉入見帝曰寇亂之汙半天下其欲澡心自歸無繇如盡殺之是驅以助賊也帝馳騎全宥以一郎吏之微而非時得入對雖唐制不可詳知想兵戈艱難時暫如是耳

王安石棄地

熙寧七年遼主洪基遣泛使蕭禧來言河東地界未決八年再來必欲以代州天池分水嶺爲界詔詢于故相文彦博富弼韓琦曾公亮以可與及不可許之狀皆以爲不可王安石當國言曰將欲取之必固與之於是詔不論有無照驗擗撥與之往時界於黄嵬山麓我可以下瞰其應朔武三州既以嶺與之虜遂反瞰忻代凡東西失地七百里案慶曆中虜求關南十縣朝廷

方以西夏爲慮猶不過增歲幣以塞其欲至於土地尺寸弗與熙寧之兵力勝於曩時而用蕭禧堅坐都亭之故輕弃疆場設險要害之處安石果於大言其實無詞以御之也孫權謂魯肅勸吾借劉玄德地云帝王之起皆有驅除關羽不足忌此子敬内不能辨外爲大言耳安石之語亦然

雙生以前爲兄

續筆巳書公羊傳注雙生子事兹讀西京雜記

得一說甚詳云霍將軍妻一產二子疑所爲兄弟或曰前生爲兄後生爲弟今雖俱日亦宜以先生爲兄或曰居上者宜爲兄居下者宜爲弟居下者前生今宜以前生爲弟光曰昔殷王祖甲一產二子以卯日生嚚以巳日生良則以嚚爲兄以良爲弟若以在上者爲兄嚚亦當爲弟矣許莊公一產二女曰妖曰茂楚大夫唐勒一產二子一男一女男曰正夫女曰瓊華皆以先生爲長近代鄭昌時文長倩並生二男滕公一

生二女李黎生一男一女並以前生爲長霍氏亦以前生爲兄焉此最可證

風俗通

應劭風俗通雖東漢末所作然所載亦難盡信其叙希姓者曰合浦太守虎旗上郡太守邸杜河內太守遇沖北平太守賤瓔東平太守到質沐寵北平太守卑躬鴈門太守宿詳五原太守督瓚汝南太守謁渙九江太守荆修東海太守鄗熙弘農太守移良南郡太守爲昆酒泉太守

頻暢北海太守處興巴郡太守鹿旗涿郡太守作顯廬江太守貴遷交阯太守賴先外黃令集一洛陽令諸於單父令即賣烏傷令昔登山陽令職洪高唐令用蚪此二十君子皆是郡守縣令惟移良之名曾見於史恐未必然也

俗語有出

今人意錢賭博皆以四數之謂之攤案廣韻攤字下云攤蒱四數也竹工謂屋椽上織箔曰篬笪廣韻篬字下云箬篬竹笪也柔帛鋪謂剪截

之餘曰惋子惋一懽切注裁餘也挑剔燈火之
杖曰掭他念切注火杖也李濟翁資暇集云意
錢當曰攤鋪疾道之訛其音爲蒲此説不然

## 昏主棄功臣

燕昭王伐齊取其七十城所存者惟莒即墨田單一旦悉復之使齊復爲齊而襄王聽幸臣九子之譖單幾不免秦符堅舉百萬之師伐晋賴謝安却之而孝武帝聽王國寶之讒安不能立於朝廷之上桓温伐慕容暐暐兵屢挫議欲奔

北慕容垂一戰使燕復存乃用慕容評之毀垂竄身苻氏國隨以亡朱泚據京師德宗播遷奉天李懷光繼叛李晟孤軍堅壁竟平大難而德宗用張延賞之譖訖罷其兵且百端疑忌至於鞅鞅以死自古昏主不明輕弃功臣如此眞可歎也

問故居

陶淵明問來使詩云爾從山中來早晚發天目我屋南山下今生幾叢菊薔薇葉已抽秋蘭氣

當馥歸去來山中山中酒應熟諸集中皆不載惟晁文元家本有之蓋天目疑非陶居處然李太白云陶令歸去來田家酒應熟乃用此爾王摩詰詩曰君自故鄉來應知故鄉事來日綺牕前寒梅著花未杜公送韋郎歸成都云爲問南溪竹抽稍合過墻憶第云故園花自發春日鳥還飛王介甫云道人北山來問松我東岡舉手指屋脊云今如許長古今詩人懷想故居形之篇詠必以松竹梅菊爲比興諸子句皆是也至

於杜公將別巫峽贈南鄉兄瀼西果園詩云苔竹素所好萍蓬無定居遠遊長兒子幾地別林廬雜蘂紅相對他時錦不如具舟將出峽巡圃念攜鉏每讀至此未嘗不爲之凄然寄題草堂云尚念四小松蔓草易拘纏霜骨不甚長永爲隣里憐又一篇云四松初移時大抵三尺強別來忽三載離立如人長尤可見一時之懷抱也

唐宰相不歷守令

唐楊綰崔祐甫杜黃裳李藩裴垍皆稱英宰然

考其履歷皆未嘗爲刺史守令綰初補太子正字擢右拾遺起居中書舍人禮吏部侍郎國子祭酒太常卿拜相祐甫初調壽安尉歷藩府判官入爲起居中書舍人拜相黄裳初佐朔方府入爲侍御史太子賓客太常卿拜相藩佐東都徐州府入爲秘書郎中給事中拜相垍由美原尉四遷考功員外郎中書舍人户部侍郎拜相五賢行業史策書之已詳兹不復論然則後之用人必言踐揚中外諳熟民情始堪大用殆

爲隘矣

張釋之柳渾

漢張釋之爲廷尉文帝出行有人驚乘輿馬使騎捕之屬廷尉釋之奏當此人犯蹕罰金上怒釋之曰方其時上使使誅之則已顔師古謂言初執獲此人天子即令誅之其事即畢唐柳渾爲相玊工爲德宗作帶誤毁一銙工私市它玊足之帝識不類怒其欺詔京兆論死渾曰陛下遽殺之則已若委有司須詳讞乃可於法罪當

杖請論如律由是工不死予謂張柳之論可謂善矣然張云上使使誅之則已柳云陛下遽殺之則已無乃啓人主徑殺人之端乎斯一節未爲至當也

人臣震主

人臣立社稷大功負海宇重望久在君側爲所敬畏其寃必至於招疑毀漢高祖有天下韓信之力爲多終以挾不賞之功戴震主之威至於誅滅霍光擁昭立宣勢侔人主宣帝謁見高廟

光從驂乘上内嚴憚之若有芒刺在背其家既覆俗傳之曰威震主者不畜霍氏之禍萌於驂乘周亞夫平定七國景帝怒其固爭栗太子由此䟽之後目送其出曰此鞅鞅非少主臣也訖以無罪殺之謝安却符堅百萬之衆晉室復存功名既盛險詖求進之徒多毀短之孝武稍以踈忌又信會稽王道子之姦扇至使避位出外終以至亡齊文宣之篡魏皆高德政之力德政爲相數彊諫帝不悅謂左右曰高德政恒以精

神凌逼人遂殺之并其妻子隋文帝將篡周欲
引高熲入府熲忻然曰願受驅馳縱公事不成
亦不辭滅族及帝受禪用爲相二十年朝臣莫
與爲比熲自以爲任寄隆重每懷至公無自疑
意積爲獨孤皇后漢王諒等所譖帝欲成其罪
旣罷之後至云自其解落瞑然忘之如本無高
熲不可以身要君自云第一也迨于煬帝竟以
寃誅郭子儀再造王室以身爲天下安危權任
旣重功名復大德宗即位自外召還朝所領副

元帥諸使悉罷之李晟以孤軍復京城不見信於庸主使之晝夜泣目爲之腫卒奪其兵百端疑忌幾於不免李德裕功烈光明佐武帝中興威名獨重宣宗立奉冊太極殿帝退謂左右曰向行事近我者非太尉耶每顧我毛髮爲之森竪明日罷之終於貶死海外若郭崇韜安重誨皆然也

五經秀才

唐楊綰爲相以進士不鄉舉但試辭賦浮文非

取士之實請置五經秀才科李栖筠賈至以績所言爲是然亦不聞施行也

## 陶潛去彭澤

晉書及南史陶潛傳皆云潛爲彭澤令素簡貴不私事上官郡遣督郵至縣吏白應束帶見之潛歎曰吾不能爲五斗米折腰拳拳事鄉里小人即日解印綬去賦歸去來以遂其志案陶集載此辭自有序曰余家貧耕植不足以自給彭澤去家百里故便求之及少日眷然有歸歟之

情何則質性自然非矯勵所得饑凍雖切違已交病悵然慷慨深愧平生之志猶望一稔當斂裳宵逝尋程氏妹喪于武昌情在駿奔自免去職在官八十餘日觀其語意乃以妹喪而去不緣督郵所謂矯勵違已之說疑必有所屬不欲盡言之耳詞中正喜還家之樂略不及武昌自可見也

羌戎畏服老將

漢先零羌犯塞趙充國徃擊之羌豪相數責曰

語汝亡反今天子遣趙將軍來年八九十矣善爲兵今請欲一鬬而死可得邪充國時年七十六訖平之唐代宗時回紇吐蕃合兵入寇郭子儀單騎見回紇復與之和諸酋長皆大喜曰鄉以二巫師從軍巫言此行甚安穩不與唐戰見一大人而還今果然矣郭公是時年七十乃知羌戎畏服老將如此班超久在西域思歸故其言云蠻夷之俗畏壯侮老蓋有爲而云

古人字只一言

檀弓云幼名冠字五十以伯仲周道也古之人命字一而已矣初曰子已而爲仲爲伯又爲叔爲季其老而尊者爲甫盖無以兩言相連取義若屈原離騷經名余曰正則兮字余曰靈均案史記原字平所謂靈均者釋平之義以緣飾詞章耳下至西漢與周相接故一切皆然除子房子卿子孟子政子孺子長子雲子兄子眞子公子陽子賓子幼之外若仲孺仲卿仲子長卿少卿孺卿君卿客卿游卿翁卿聖卿長君少君穉

君游君次君贛君近君曼君王孫翁孫次公少公孟公游公仲公長公君公少叔翁叔長叔中叔子叔長倩曼倩次倩稺季長孺仲孺幼孺少孺次孺翁孺君孺長翁[illegible]翁仲翁少翁君房君賓君倩君敖君蘭君長君仲君孟少季少子少路少游稺賓稺圭稺游稚君巨先巨君長賓長房翁思翁子翁仲之類其義只從一訓極爲雅馴至於婦人曰少夫君俠政君君力君弟君之阿君單書一字者若陳勝字涉項籍字羽彭越

字仲張歐吳廣校乘字叔楚元王字交朱雲字游爰盎字絲張釋之字季鄭當時字莊劉德字路畦弘字孟逌東漢以下則不盡然

容齋五筆卷第一

# 容齋五筆卷第二 十五則

## 二叔不咸

左氏傳載富辰之言曰昔周公弔二叔之不咸故封建親戚以藩屏周士大夫多以二叔爲管蔡案蔡仲之命云羣叔流言乃致辟管叔于商囚蔡叔降霍叔爲庶人盖三叔也杜預注以爲周公傷夏殷之叔世疏其親戚以至滅亡故廣封其兄弟是以方敘説管蔡郕霍十六國其義昭然所言親戚者指兄弟耳

## 官階服章

唐憲宗時因數赦官多泯階又帝親郊陪祠者授三品五品不計考使府軍吏以軍功借賜朱紫率十八近臣謝郎官出使多所賜與每朝會朱紫滿庭而少衣緑者品服太濫人不以爲貴帝亦惡之詔太子少師鄭餘慶條奏懲革淳熙十六年紹熙五年連有覃霈轉官賜服者衆紹熙元年予自當塗徙會稽過闕遇起居舍人莫仲謙於漏舍仲謙云比赴景靈行香見朝士百

數無一綠袍者又朝議中奉皆直轉行故五品
官不勝計頗類元和也

月非望而食

曆家論日月食自漢太初以來始定日食不在朔則在晦否則二日然甚少月食則有十四十五十六之差蓋置望參錯也天體有二交道曰交初曰交中交初者星家以爲羅睺交中者計都也隱暗不可見於是爲入交法以求之然不過能求朔望耳若餘日入交則書所不載由漢

及唐二十八家曁本朝十一曆皆然姑以慶元丁巳歲五次月食考之三月望爲入交中七月爲交初唯十月二十日二十一日連兩夜乃以二更盡月食之既纔兩刻復明十一月十八夜復如之案此三食皆是交中十月二十夜月在張五度而計都在翼二度次夜月在張十七度計都未定相距才四度耳十一月十八夜月在星五度計都在張十九度相距二十度十二月十七夜五更月在星二度入交陽末卯初四刻

交甚食六分半八刻退交十八夜四更月在張六度入交中陰初至寅四刻交甚食九分卯五刻退交其驗如此予竊又有疑焉太陰一月一周天必兩值交道今年遂至八食一一如星官曆翁之説仍不拘月望則玉川子之詩不勝作矣當更求其旨趣云頃見太史局官劉孝榮言月本無光受日爲明望夜正與日對故一輪光滿或月行有遲疾先後日光所不照處則爲食朔旦之日日月同宮如月在日上掩太陽而過

則日光爲所遮故爲日食非此二日則無薄蝕之理其說亦通

慶善橋

饒州學非范文正公所建予旣書之矣城内慶善橋之説亦然比因郡人修橋拆去舊石見其上鐫云康定庚辰案范公以景祐乙亥爲待制丙子知開封府黜知饒州後徙潤越至庚辰歲乃復職帥長安旣去此久矣

西漢以來加官

漢書百官表云侍中左右曹諸吏散騎中常侍皆加官所加或將軍列侯卿大夫將都尉給事中亦加官所加或大夫博士議郎其侍中中常侍得入禁中諸曹受尚書事諸吏得舉法散騎並乘輿車並步浪反案漢世除授此等稱謂殆若今之兼職者不甚爲顯秩然魏相以御史大夫兼給事中宅如劉向以宗正散騎給事中蘇武以右曹典屬國揚雄爲諸吏光祿大夫是也至於金日磾以降虜爲侍中其子賞建諸孫常

敞岑明涉湯融欽皆以左曹諸吏侍中故班史贊之云七世內侍何其盛也蓋如今時閤門宣贊祗候之類但漢家多用士人武帝所任莊助朱買臣吾丘壽王東方朔諸人皆天下選此其所以爲人貴重東漢大略亦然晉宋以來又有給事黄門侍郎散騎常侍通直散騎常侍散騎侍郎等皆爲兼官但視本秩之高下已而復以將軍爲寵齊高帝以太子詹事何戢領選以戢資重欲加常侍褚淵曰臣與王儉既已左珥若

復加戢則八座遂有三貂若帖以驍游亦爲不少乃以爲吏部尚書加驍騎將軍唐有撿挍官文武散階憲銜乃此制也國朝自眞宗始創學士直學士待制直閣職名尤爲仕宦所慕今自觀文殿大學士至直秘閣幾四十種不刊之典明白易曉非若前代之冗法云

呂望非熊

自李瀚蒙求有呂望非熊之句後來据以爲用然以史策考之六韜第一篇文韜曰文王將田

史編布卜曰田於渭陽將大得焉非龍非彲（螭）非虎非羆兆得公侯天遺汝師文王曰兆致是乎史編曰編之太祖史疇爲禹占得臯陶兆史記云呂尚窮困年老以漁釣干西伯西伯將出獵卜之曰所獲非龍非彲非虎非羆所獲霸王之輔後漢崔駰達旨云漁父見兆於元龜注文乃引史記非龍非驪非熊非羆爲證今之史記蓋不然也非熊出處惟此而已

唐曹因墓銘

慶元三年信州上饒尉陳莊發土得唐碑乃婦人爲夫所作其文曰君姓曹名因字鄙夫世爲番陽人祖父皆仕於唐高祖之朝惟公三舉不第居家以禮義自守及卒於長安之道朝廷公卿鄉鄰耆舊無不太息惟予獨不然謂其母曰家有南畝足以養其親室有遺文足以訓其子肖形天地閒範圍陰陽内死生聚散特世態耳何憂喜之有哉予姓周氏公之妻室也歸公八載恩義有奪故贈之銘曰其生也天其死也天

苟達此理哀復何言予案唐世上饒本隸饒州其後分爲信故曹君爲鄱陽人婦人能文達理如此惜其不傳故書之以裨圖志之缺

唐史省文之失

楊虞卿兄弟怙李宗閔勢爲人所奔向當時爲之語曰欲入舉場先問蘇張蘇張尚可三楊殺我而新唐書減去先字李德裕賜河北三鎮詔曰勿爲子孫之謀欲存輔車之勢新書減去欲字遂使兩者意義爲不鏗鏘激越此務省文之

失也

李德裕論命令

李德裕相武宗言從計行韋弘質建言宰相不可兼治錢穀德裕奏言管仲明於治國其語曰國之重器莫重於令令重君尊君尊國安治人之本莫要於令故曰虧令者死益令者死不行令者死留令者死不從令者死五者無赦又曰令在上而論可否在下是主威下繫於人也大和後風俗寖敝令出於上非之在下此敝不止

無以治國臣謂制置職業人主之柄非小人所得干弘質賤臣豈得以非所宜言妄觸天聽是輕宰相也德裕大意欲朝廷尊臣下肅而政出宰相故感憤切言之予謂德裕當國乇相取充位而已若如所言則一命一令之出臣下皆不得有言諫官御史給事舍人之職廢矣弘質位給事中亦非賤臣宜其一朝去位遂罹抵巇皆自取之也

漢武唐德宗

漢張湯事武帝舞文巧詆以輔法所治夷滅者多旋以罪受誅上惜湯稍進其子安世擢爲尚書令安世宿衛忠正肅敬不怠勤勞國家卒爲重臣其可大用不疑而武帝之意乃以父湯故耳唐盧杞相德宗姦邪險賊爲天下禍以公議不容譴逐致死帝念之不忘擢叙其子元輔至兵部侍郎元輔端靜介正能紹其祖奕之忠規涉之臺省要官宜也而德宗之意乃以父杞故爾且武帝之世羣臣不幸而誅者如莊助朱買

臣吾丘壽王諸人及考終名臣如汲黯鄭莊董仲舒卜式未嘗恤其孤德宗輔相之賢如崔祐甫李泌陸贄皆身没則已而獨於湯杞二人惓惓如此此是可歎也

諸公論唐肅宗

唐肅宗於干戈之際奪父位而代之然尚有可諉者曰欲收復兩京非居尊位不足以制命諸將耳至於上皇還居興慶惡其與外人交通刼徙之西内不復定省竟以怏怏而終其不孝之

惡上通於天是時元次山作中興頌所書天子幸蜀太子即位於靈武直指其事殆與洪範云武王勝殷殺受之辭同其詞曰事有至難宗廟再安二聖重歡既言重歡則知其不歡多矣杜子美杜鵑詩我看禽鳥情猶解事杜鵑傷之至矣顏魯公請立放生池表云一日三朝大明天子之孝問安視膳不改家人之禮東坡以爲彼知肅宗有愧於是也黄魯直題磨崖碑尤爲深切撫軍監國太子事何乃趣取大物爲事有至

難天幸耳上皇局脊還京師南内淒涼幾苟活高將軍去事尤危臣結春秋二三策臣甫杜鵑再拜詩安知忠臣痛至骨世上但賞瓊琚詞所以揭表肅宗之罪極矣

孫馬兩公所言

盧照鄰有疾問孫思邈曰高醫愈疾奈何答曰天有四時五行寒暑迭居和爲雨怒爲風凝爲雪霜張爲虹蜺天常數也人之四支五藏一覺一寐吐納往來流爲榮衛章爲氣色發爲音聲

人常數也陽用其形陰用其精天人所同也失則烝生熱否生寒結爲瘤贅陷爲癰疽奔則喘乏竭則焦槁發乎面動乎形天地亦然五緯縮贏孛彗飛流其危胗也寒暑不時其烝否也石立土踊是其瘤贅山崩土陷是其癰疽奔風暴雨其喘乏川瀆竭涸其焦槁高醫導以藥石救以砭劑聖人和以至德輔以人事故體有可愈之疾天有可振之災睿宗召司馬子微問其術對曰爲道日損損之又損以至於無爲夫心目

所知見每損之尚不能已況攻異端而增智慮哉帝曰治身則爾治國若何曰國猶身也故游心於淡合氣於漠與物自然而無私焉而天下治孫公司馬所言皆至道妙理之所寓治心養性宜無出此者矣

元微之詩

唐書藝文志元稹長慶集一百卷小集十卷而傳於今者惟閩蜀刻本爲六十卷三館所藏獨有小集文惠公鎮越以其舊治而文集盖鈌乃

米而刻之外春游一篇云酒户年年減山行漸漸難欲終心懶慢轉恐興闌散鏡水波猶冷稽峰雪尚殘不能尋物色乍可怯春寒遠目傷千里新年思萬端無人知此意閒凭小闌干白樂天書之題云元相公春游錢思公藏其真跡穆父守越時摹刻于蓬萊閣下令不復存集中逸此詩文恵爲列之於集外李端民平叔嘗和其韻寄公云東閣經年别窮愁客路難望塵驚岳峙懷舊各雲散茵醉恩逾厚檣歌興未殘馮唐

嗟已老范叔敢言寒玉燭調魁柄陽春在筆端應憐掃門役白首滯江干樂天所書予少時得其石刻後亦失之

諫繚綾戲龍羅

李德裕爲浙西觀察使穆宗詔索盤條繚綾千匹德裕奏言立鵝天馬盤條掬豹文彩怪麗惟乘輿當御今廣用千匹臣所未諭優詔爲停祟寧開中使持御札至成都令轉運司織戲龍羅二千繡旗五百副使何常奏旗者軍國之用敢

不奉詔戲龍羅唯供御服目衣一匹歲不過三
百有奇今乃數倍無益也詔奬其言爲減四之
三以二事觀之人臣進言於君切而不訐蓋無
有不聽者何常所論甚與德裕相類云

詳正學士

唐太宗時命秘書監魏證寫四部羣書將藏内
府置讐正二十員後又詔虞世南顔師古踵領
之功不就顯慶中罷讐正官使散官隨番刋正
後詔東臺侍郎趙仁本等充使撿挍置詳正學

士以代散官此名甚雅不知何時罷去然秘省自有校書郎正字使正名責實足矣紹興中以貟臣提舉秘書省而置編定書籍官二員亦其類也

容齋五筆卷第二

# 容齋五筆卷第三 二十五則

## 人生五計

朱新仲舍人常云人生天地閒壽夭不齊姑以七十爲率十歲爲童兒父母膝下視寒暖燥濕之節調乳哺衣食之宜以須成立其名曰生計二十爲丈夫骨強志健問津名利之場秣馬厲兵以取我勝如驥子伏櫪意在千里其名曰身計三十至四十日夜注思擇利而行位欲高財欲厚門欲大子息欲盛其名曰家計五十之年

心怠力疲，俯仰世間，智術用盡，西山之日漸逼，過隙之駒不留，當隨緣任運，息念休心，善刀而藏，如蠶作繭，其名曰老計。六十以往，甲子一周，夕陽銜山，倏尔就木，内觀一心，要使絲毫無慊，其名曰死計。朱公每以語人，以身計則喜，以家計則大喜，以老計則不答，以死計則大笑，且曰：子之計拙也。朱既不勝笑者之衆，則亦自疑其計之拙，曰：豈皆惡老而諱死邪？因爲南華長老作大死庵記，遂識其語。予之年齡踰七望八，當

以書諸紳云

瀛莫閒二禽

瀛莫二州之境塘濼之上有禽二種其一類鶂色正蒼而喙長凝立水際不動魚過其下則取之終日無魚亦不易地名曰信天緣其一類鶩奔走水上不閒腐草泥沙唼唼然必盡索乃已無一息少休名曰漫畫信天緣若無能者乃與漫畫均度一日無饑色而反加壯大二禽皆稟性所賦其不同如此

士大夫避父祖諱

國朝士大夫除官避父祖名諱蓋有不同不諱嫌名二名不偏諱在禮固然亦有出於一時恩旨免避或旋爲改更者建隆創業之初侍衛帥慕容彥釗樞密使吳廷祚皆拜使相而彥釗父名章廷祚父名璋制麻中爲改同中書門下平章事爲同二品紹興中沈守約湯進之二丞相父皆名舉於是改提舉書局爲提領自餘未有不避者呂希純除著作郎以父名公著而辭然

富韓公之父單名言，而公以右正言知制誥。韓保樞之子忠憲公億，孫絳、縝，皆歷位樞密，未嘗避，豈別有說乎？

元正父子忠死

唐安祿山表權皋入幕府。皋度祿山且叛，以其猜虐不可諫，欲行，慮禍及親。因獻俘京師，在道詐死。既唅斂而逸去。皋母謂實死，慟哭感行路。故祿山不之虞，歸其母。皋潛奉侍，晝夜南奔。既渡江而祿山反，天下聞其名，爭取以爲屬。甄濟居青巖山諸府五辟詔十至堅臥不起安祿山入朝求濟於玄宗授范陽掌書記濟不得已而起察祿山有反謀不可諫因謁歸陽歐血不支舁歸舊廬祿山反使封刀召之曰即不起斷其首濟引頸待之使以實病告慶緒復使彊輿至東都會廣平王平東都詣軍門上謁肅宗使汗賊官羅拜以媿其心唐書列二人於卓行傳褒之至矣有元正者在河南幕府史思明陷河洛輦父匿山中賊以名召之正度事急謂弟曰賊

祿不可養親彼利吾名難免矣然不汙身而死吾猶生也賊既得誘以高位瞋目固拒兄弟皆遇害父聞仰藥死事平詔錄伏節十一姓而正爲冠皐濟之終與正皆贈秘書少監子謂皐濟得生而正一門皆弃命故當時以爲伏節之冠而唐史不列之忠義卓行中但附見於其祖萬頃文藝之末資治通鑑亦不載其事使正之名寂寥不章顯爲可恨也白樂天作張諴碑云以左武衛參軍分司東都屬安祿山陷覆洛京以

僞職淫刑脅刼士庶公與同官盧巽潛遁于陸渾山食木實飲泉水者二年訖不爲逆命所汙肅宗詔河南搜訪不仕賊庭隱藏山谷者得六人以應詔公與巽在焉繇是名節聞于朝優詔褒美特授寄縣主簿

蕭穎士風節

蕭穎士爲唐名人後之學者但稱其才華而已至以笞楚童奴爲之過予反復考之蓋有風節識量之士也爲集賢挍理宰相李林甫欲見之

頴士不請林甫怒其不下巳後召詣史館又不
屈愈見疾至免官更調河南參軍安禄山寵恣
頴士陰語栁并曰胡人負寵而驕亂不久矣東
京其先陷乎即託疾去禄山反往見河南採訪
使郭納言禦守計納不用歎曰肉食者以兒戲
禦劇賊難矣哉聞封常清陳兵東京往觀之不
宿而還身走山南節度使源洧欲退保江陵頴
士説曰襄陽乃天下喉襟一日不守則大事去
矣公何遽輕土地取天下笑乎洧乃按甲不出

淯卒徃客金陵永王璘召之不見劉展反圍雍丘副大使李承式遣兵徃救大宴賓客陳女樂頴士曰天子暴露豈臣下盡歡時邪夫投兵不測乃使觀聽華麗誰致其死哉弗納頴士之言論操持如此今所稱之者淺矣李太白天下士也特以墮永王亂中爲終身累頴士永王召而不見則過之焉

石尤風

石尤風不知其義意其爲打頭逆風也唐人詩

好用之陳子昂入峽苦風云故鄉今日友歡會坐應同寧知巴峽路辛苦石尤風戴叔倫送裴明州云瀟水連湘水千波萬浪中知君未得去慙愧石尤風司空文明留盧秦卿云知有前期在難分此夜中無將故人酒不及石尤風計南朝篇詠必多用之未暇憶也

江楓雨菊

作詩要有來處則爲淵原宗派然学字執泥又爲拘滯予於此學無自得之見少年時尤失之

琱琢記一聯初云雨深荒病菊江冷落愁楓後以其太險攺爲雨深人病菊江冷客愁楓比前句徵有蘊藉蓋取崔信明楓落吳江冷杜老雨荒深院菊南菊再逢人臥病嚴武江頭赤葉楓愁客合而用之乃如補衲衣裳殊爲可笑聊書之以示兒輩云

開元宮嬪

自漢以來帝王妃妾之多唯漢靈帝吳歸命侯晉武帝宋蒼梧王齊東昏陳後主晉武至於萬

人唐世明皇爲盛白樂天長恨歌云後宮佳麗
三千人杜子美劒器行云先帝侍女八千人蓋
言其多也新唐史所叙謂開元天寶中宮嬪大
率至四萬噫其甚矣隋大業離宮徧天下所在
皆置宮女故裴寂爲晉陽宮監以私侍高祖及
高祖義師經過處悉罷之其多可想

相里造

唐内侍監魚朝恩怙貴誕肆凡詔會羣臣計事
折愧坐人出其上雖宰相元載辯彊亦拱黙唯

禮部郎中相里造殿中侍御史李衎酬詰往返未始降屈朝恩不懌默衎以動造又謀將易執政以震朝廷乃會百官都堂且言今水旱不時屯軍饋運困竭天子卧不安席宰相何以輔之不退避賢路尚何賴乎宰相俛首坐皆失色造徙坐從之因曰陰陽不和五穀踊貴皆軍容事宰相何與哉且軍畱不散故天降之沴今京師無事六軍可相權鎭又屯十萬饋糧所以不足百司無稍食軍容爲之宰相行文書而已何所

歸罪朝恩拂衣去自南衙朋黨且害我此段載於唐史宦者傳中不能記相里造之本末予謂造當閹侍威權震主生殺在手之時以區區一郎吏而抗身與爲敵後來名人議論及叙列忠言鯁詞未見有稱述之者通鑑亦不書聊紀於此以章潛德同時劉給事爭幸河中亦然

先公詩詞

先忠宣公好讀書北困松漠十五年南謫嶺表九年重之以風淫末疾而繙閱書策早暮不置

尤熟於杜詩初歸國到闕命邁作謝賜物一劄子窴定兩句云已爲死别偶遂生還謂邁曰此雖不必泥出處然有所本更佳東坡海外表云子孫慟哭於江邊已爲死别杜老羌村詩云世亂遭飄蕩生還偶然遂正用其語在鄉邦日招兩使者會集出所將宣和殿書畫舊物示之提刑洪慶善作詩曰願公十襲勿浪出六丁取將飛辟歷辟歷二字如古文不從雨公和之曰萬里懐歸爲公出徃事宣和空歷歷邁請其意曰

亦出杜詩歷歷開元事分明在目前也紹興丁巳所在始歌江梅引詞不知爲誰人所作巳未庚申年北庭亦傳之至于壬戌公在燕赴張揔侍御家宴侍妾歌之感其念此情家萬里之句愴然曰此詞殆爲我作既歸不寐遂用韻賦四闋時在囚拘中無書可檢但有初學記韓杜蘇白樂天集所引用句語一一有來處北方不識梅花士人罕有知梅事者故皆注所出其一憶江梅云天涯除館憶江梅幾枝開使南來還帶

餘杭春信到燕臺準擬寒英聊慰遠隔山水應銷落赴愬誰空憑遐想笑摘蘂斷回腸思故里漫彈綠綺引三弄不覺鼉飛更聽胡笳哀怨淚沾衣亂插繁華須異日待孤諷怕東風一夜吹元注引杜紘忽憶兩京梅發時胡笳在樓上哀怨不堪聽安得健步移遠梅亂插繁華向晴漢樂天憶杭州梅花三年閒悶在餘杭曾爲梅花醉幾塲車駕時在臨安柳子厚欲爲萬里贈杳杳山水隔寒英坐銷落何用慰遠客江揔桃李

佳人欲相照摘蘂牽花來並笑高適遥憐故人
思故鄉梅花滿枝空斷腸盧仝含愁更奏綠綺
琴相思一夜梅花發劉方平晚歲芳梅樹繁華
四面同東風吹漸落一夜幾枝空東坡忽見早
梅花不飲但孤諷一夜東風吹石裂半隨飛雪
度關山其二訪寒梅云春還消息訪寒梅賞初
開夢吟來映雪銜霜清絶繞風臺可怕長洲桃
李妬度香遠驚愁眼欲媚誰曾動詩興笑冷蘂
效少陵慙下里萬株連綺歎金谷人墜鸞飛引

領羅浮翠羽幻青衣月下花神言極麗且同醉

休先愁玉笛吹注引李太白聞道春還未相識

走傍寒梅訪消息綠珠樓下梅花滿今日曾無

一枝在江揔金谷萬株連綺甍梅花隱處藏嬌

鶯何遜衘霜當路發映雪擬寒開枝横却月觀

花繞凌風臺杜公東閣官梅動詩興還如何遜

在揚州未將梅蘂驚愁眼要取椒花媚遠天巡

簷索共梅花笑冷蘂踈枝半不禁樂天賞自初

開直至落莫怕長洲桃李妬明年好爲使君開

王昌齡夢中作梅花詩梁簡文賦香隨風而遠
度及趙師雄羅浮見美人在梅花下有翠羽啾
嘈相顧詩云學粧欲待問花神崔櫓初開已入
雕梁畫未落先愁玉笛吹其三憐落梅云重閨
佳麗最憐梅牖春開學粧來爭粉翻光何遽落
梳臺笑坐雕鞍歌古曲催玉柱金巵滿勸阿誰
貪爲結子藏暗蘂斂蛾眉隔千里舊時羅綺已
零散沈謝雙飛不見嬌姿真悔著單衣若作和
羹休訝曉墮煙雨任春風片片吹注引梁簡文

賦重閨佳麗貌婉心嫺憐早花之驚節訝春光之遺寒顧影丹墀弄此嬌姿洞開春牖四卷羅帷春風吹梅畏落盡賤妾爲此斂蛾眉又爭樓上之落粉奪機中之織素梁王詩翻光同雪舞鮑泉縈牕落梳臺江總滿酌金卮催玉柱落梅樹下宜歌舞太白千金駿馬邀少妾笑坐雕鞍歌落梅古曲有落梅花又片片吹落春風香謝莊賦隔千里兮共明月庾信早知覔不見眞悔著衣單東坡抱叢暗蘂初含子玉妃謫墮煙雨

村王建自是桃花貪結子第四篇失其槀每首有一笑字北人謂之四笑江梅引爭傳寫焉

## 州縣名同

晉宋以來置立州郡惟以多爲貴先是中原陷胡羯本土遺民或僑寓南方故即其所聚爲立郡而方伯所治之州亦仍舊名如南徐南兗南豫南雍州南蘭陵南東海南瑯邪南東莞南魯郡其類不一魏周在北亦如此隋唐不復然國朝之制州名或同則增一字以别之若河北有

雄州恩州故廣東者增南字蜀有劒州故福建
者亦增南字以至西和西安州亦然其聲音頗
同患於舛誤則俗閒稱呼自加上下東西爲別
故稱岳爲上岳鄂爲下鄂清州與青類稱爲北
清鄆州與顛類稱爲西鄆融州與容類稱爲西
融者是也若縣邑則不問今河南靜江府鞏州
皆有永寧縣饒邛衡州皆有安仁縣蔡英之眞
陽廬汝之梁光台之仙居臨安建昌之新城越
鈞之新昌婺蜀之永康處吉之龍泉嚴池之建

德渭秀之華亭信吉之永豐郴興國之永興衢嘉之龍游施臨江之清江洪萬之武寧福循之長樂郴連之桂陽福桂之永福是也

三衙軍制

乾道四年正月邁爲中書舍人因入對論三衙軍制名稱不正以祖宗之制論之軍職之大者凡八等除都指揮使或不常置外曰殿前副都指揮使馬軍副都指揮使步軍副都指揮使曰殿前都虞候馬軍都虞候步軍都虞候曰捧日

天武四廂都指揮使龍神衛四廂都指揮使秩
秩有序若登梯然不可一級輒廢一或有闕即
以功次遞遷降此而下則分營分廂各置都副
指揮使如捧日左廂第一軍天武右廂第二軍
之類邊境有事命將討捕則旋立總管鈐轄都
監之名使各將其所部以出事已則復初累聖
相承皆用此術以制軍詰禁自南渡以後觸事
草創於是三帥之資淺者始有主管某司公事
之稱而都虞候以下不復設置乃以宿衛虎士

而與在外諸軍同其名以統制統領爲之長又
使遥帶外路總管鈐轄考之舊制則非法稽之
事體則非是以陛下聖明能知人善任使所謂
爪牙之士豈無十數人以待用者若法祖宗之
制正三衙之名改諸軍爲諸廂改統制以下爲
都虞候指揮使使宿衛之職預有差等士卒之
心明有所係異時拜將必無一軍皆驚之舉於
以銷壓未萌循名責實則環衛將軍雖不置可
也乞下樞密討論故實圖議其當恐或可以少

賛布昭聖武之意讀劄子畢孝宗甚喜即批付
樞密院是時知院虞允文使四川同知劉珙不
樂曰舍人要如何行對之以但隨所見敷陳若
施行與否自係廟堂處分竟寢不行後閱華陽
集王珪撰高瓊神道碑云王爲殿前都指揮使
管軍員闕兼領二司王乃言曰臣老矣如有負
薪之憂誰爲可任者先朝自殿前而下各置副
都指揮使及都虞候常有十人職近事親易以
第進又使士卒預識其威名緩急臨戎上下得

以附胥此軍制之大要也有旨從之據瓊所言如此正合前説

歐陽公勳封贈典

吉州新刊歐陽公文集於年譜下盡載官爵制詞無一遺落考之今制多有不合雖非事之所以損益謾書於策且記典章隨時之異云公自太子中允初加勳便得騎都尉越過驍武飛雲四級自龍圖閣直學士初封爵便得信都縣子越過男一等翰林學士加恩而得五百戶初加

實封便得二百戶及罷政爲觀文學士遇郊而加食邑五百戶實封二百戶薨之後以子登朝遇大禮自太子太師合贈司空而躐贈太尉蓋超空徒保傅四官再贈即爲太師仍封國公今殊不然除勳官既罷外侍從初封亦從縣男爲始每加不過三百戶待制侍郎只二百初得實封財百戶執政去位但與侍從同均爲虛邑三百而巳身後加贈只單轉一官兩子升朝乃進二官雖三四人亦不增未有宮師直贈太尉者今太傅也又

公任知制誥知潁州轉官而與直龍圖閣知亳州王洙同一詞唐書成進秩五人同制公與宋景文公范文忠公王忠簡公皆帶從官職而宋次道乃集賢校理耳

嘉祐四真

嘉祐中富韓公爲宰相歐陽公在翰林包孝肅公爲御史中丞胡翼之侍講在太學皆極天下之望一時士大夫相語曰富公真宰相歐陽永叔真翰林學士包老真中丞胡公真先生遂有

四真之目歐陽公之子發棐等叙公事迹載此語可謂公言

五方老人祝聖壽

聖節所用祝頌樂語外方州縣各當筵致語一篇又有王母像者若教坊唯祝聖而已歐陽公集乃載五方老人祝壽文五首其東方曰但某太山老叟東海真仙溜穿石而增宽始終松避雨而備知歲月羲氏定三百六日嘗守寅賓之官夷吾紀七十二君盡覩登封之事遇安期而

遺棗笑方朔之偷桃風入律而來自巖前斗指
春而光臨洞口昔漢武帝嘗懷三島之勝遊有
羨門生欲謁巨公於昭代今則紫庭降聖華渚
開祥遠離朝日之方來展望雲之懇千八百國
咸歸至治之風億萬斯年共禱無疆之壽其頌
只四句西中南北方皆然集中不云何處所作
今無復用之

容齋五筆卷第三

# 容齋五筆卷第四 九則

## 作詩旨意

詩三百篇中其譽婦人者至多如叙宗姻之貴者若平王之孫齊侯之子汾王之甥蹶父之子齊侯之子衛侯之妻東宮之妹邢侯之姨譚公維私奇服飾之盛者若副笄六珈如山如河玉之瑱也象之揥也贊容色之美者若唐棣之華華如桃李鬒髮如雲手如柔荑膚如凝脂領如蝤蠐齒如瓠犀螓首娥眉巧笑倩兮美目盼兮

顏如舜華洵美且都語嫁聘之侈者若百兩彭彭八鸞鏘鏘不顯其光諸娣從之祁祁如雲爛其盈門其詞可謂盡善矣魏晉六朝流連光景不可勝述唐人播之歌詩固亦極摯若態濃意遠淑且真肌理細膩骨肉勻繡羅衣裳照暮春蹙金孔雀銀麒麟翠微㔩葉垂鬢脣珠壓腰衱穩稱身深宮高樓入紫清金作蛟龍盤繡楹佳人當窗弄白月絃將手語彈鳴箏回眸一笑百媚生六宮粉黛無顏色後宮佳麗三千人三千

寵愛在一身金屋粧成嬌侍夜玉樓宴罷醉和春樓上樓前盡珠翠眩轉熒煌照天地此皆李杜元白之麗句也予獨愛朱慶餘閨意一絶句上張籍水部者曰洞房昨夜停紅燭待曉堂前拜舅姑粧罷低聲問夫壻畫眉深淺入時無細味此章元不談量女之容貌而其華豔韶好體態温柔風流醖籍非第一人不足當也歐陽公所謂狀難寫之景如在目前含不盡之意見於言外然後爲工斯之謂也慶餘名可久以字行

登寶曆進士第而官不達著録於藝文志者只一卷子家有之他不逮此張籍酬其篇云越女新粧出鏡心自知明艷更沉吟齊紈未是人閒貴一曲菱歌直萬金其愛之重之可見矣然比之餘慶殊爲不及

平王之孫

周南召南之詩合爲二十有五篇自漢以來爲之説者必系之文武成康故不無抵牾如何彼穠矣乃美王姬之詩其辭有平王之孫齊侯之

子兩句翻覆再言之毛公箋云武王女文王孫適齊侯之子鄭氏不立説考其意蓋以平王爲平正之王齊侯爲齊一之侯若所謂武王載旆成王之孚成王不敢康非指武與成者然諡諸春秋經魯莊公元年當周莊王之四年齊襄公之五年書曰單伯送王姬繼之以築王姬之館于外又繼之以王姬歸于齊杜預注云王將嫁女于齊命魯爲主莊公在諒闇慮齊侯當親迎不忍便以禮接於廟故築舍於外未書歸于齊

者終此一事也十一年又書王姬歸于齊傳言齊侯來逆共姬乃威公也莊王爲平王之孫則所嫁王姬當是姉妹齊侯之子即襄公威公也二者必居一于此矣明白如是而以爲武王女文王孫於義何取

## 毛詩語助

毛詩所用語助之字以爲句絶者若之乎焉也者云矣爾兮哉至今作文者皆然他如只且忌止思而何斯旃其之類後所罕用只字如母也

天只不諒人只且字如椒聊且遠條且狂童之狂也且既亟只且忌字如叔善射忌又良御忌止字如齊子歸止曷又懷止女心傷止思字如不可求思爾羊來思今我來思而字如俟我於著乎而充耳以素乎而何字如如此良人何如此粲者何斯字如恩斯勤斯鬻子之閔斯彼何人斯旃字如舍旃舍旃其字音基如夜如何其子曰何其皆是也忌唯見於鄭詩而唯見於齊詩楚詞大招一篇全用只字太玄經其人有輯

抗可與過其至於此二字獨招蒐用之耳

東坡文章不可學

東坡作盖公堂記云始吾居鄉有病寒而欬者問諸醫醫以爲蠱不治且殺人取其百金而治之飲以蠱藥攻伐其腎腸燒灼其體膚禁切其飲食之美者朞月而百疾作內熱惡寒而欬不已纍然眞蠱者也又求於醫醫以爲熱授之以寒藥旦夕吐之莫夜下之於是始不能食懼而反之則鍾乳烏喙雜然並進而漂疽癰疥眩瞀

之狀無所不至三易醫而病愈甚里老父教之曰是醫之罪藥之過也子何疾之有人之生也以氣爲主食爲輔今子終日藥不釋口臭味亂于外而百毒戰于内勞其主隔其輔是以病也子退而休之謝醫却藥而進所嗜氣全而食美矣則夫藥之良者可以一飲而效從之朞月而病良已昔之爲國者亦然吾觀夫秦自孝公以來至於始皇立法更制以鑴磨鍛鍊其民可謂極矣蕭何曹參親見其斵喪之禍而收其民於

百戰之餘知其厭苦憔悴無聊而不可與有爲也是以一切與之休息而天下安是時熈寧中公在密州爲此說者以諷王安石新法也其議論病之三易與秦漢之所以興亡治亂不過三百言而盡之張文潛作藥戒僅千言云張子病痞積於中者伏而不能下自外至者捍而不能納從醫而問之曰非下之不可歸而飲其藥既飲而暴下不終日而向之伏者散而無餘向之捍者柔而不支焦膈導達呼吸開利快然若未

始有疾者不數日痞復作投以故藥其快然也亦如初自是逾月而痞五作五下每下輒愈然張子之氣一語而三引體不勞而汗股不步而慄膚革無所耗於外而其中薾然莫知其所來聞楚之南有良醫焉徃而問之醫歎曰子無嘆是薾然者也天下之理其甚快於予心者其末必有傷求無傷於終者則初無望於快吾心痞橫乎胷中其累大矣擊而去之不須臾而除甚大之累和平之物不能爲也必將擊搏震撓而

後可其功未成而和氣已病則子之痞凡一快者子之和一傷矣不終月而快者五則和平之氣不既索乎且將去子之痞而無害於和乎子歸燕居三月而後予之藥可爲也張子歸三月而復請之醫曰子之氣少全矣取藥而授之曰服之三月而疾少平又三月而少康終年而復常且飲藥不得亟進張子歸而行其說其初使人懣然遲之蓋三投其藥而三反之也然日不見其所攻久較則月異而時不同蓋終歲而疾

平張子謁醫謝而問其故醫曰是治國之説也獨不見秦之治民乎勑之以命捍而不聽令勤之以事放而不畏法令之不聽治之不變則秦之民嘗痞矣商君見其痞也厲以刑法威以斬伐痛刻而力鋤之流蕩四達無敢或拒害嘗一快矣至于二世凡幾痞而幾快矣積快而不已而秦之四支枵然徒有其物而已民心日離而君孤立于上故匹夫大呼不終日而百疾皆起欲運其手足肩膂而漠然不我應故秦之亡者

是好爲快者之過也昔者先王之民初亦嘗痞矣先王不敢求快於吾心陰解其亂而除去其滯使之悠悠然自趨於平安而不自知於是政成教達悠久而無後患則余之藥終年而愈疾者蓋無足恠也予觀文潛之說盡祖蘇公之緒論而千言之煩不若三百言之簡也故詳書之俾作文立說者知所矜式竊料蘇公之記文潛必未之見是以著此篇若旣見之當不復屋下架屋也

## 韓文稱名

歐陽公作文多自稱予，雖說君上處亦然，二筆嘗論之矣。歐公取法於韓公，而韓不然。滕王閣記、袁公先廟爲尊者所作，謙而稱名，宜也。至於徐泗掌書記壁記、科斗書後記、李虛中墓誌之類，皆曰愈，可見其謙以下人。後之爲文者所應取法也。

## 棘寺棘卿

今人稱大理爲棘寺，卿爲棘卿，丞爲棘丞，此出周禮秋官朝士掌建邦外朝之法左九棘孤卿大夫位焉右九棘公侯伯子男位焉鄭氏注云植棘以爲位者取其赤心而外刺也棘與棗同棘之字兩朿相並棗之字兩朿相承此所言者今之棗也然孤卿大夫皆同之則難以獨指大理王制云正以獄成告于大司寇大司寇聽之棘木之下料後人藉此而言鄭注亦只引前說此但謂其入朝立治之處若以指刑部尚書亦可也易坎卦係用徽纆寘于叢棘以居險阻囚

孰爲詞其義自別

晋代遺文

故篋中得舊書一帙題爲晋代名臣文集凡十四家所載多不能全真太山一毫芒耳有張敏者太原人仕歴平南參軍太子舍人濟北長史其一篇曰頭責子羽文極爲尖新古來文士皆無此作恐藝文類聚文苑英華或有之惜其泯没不傳謾采之以遺愽雅君子其序云太原温長仁潁川荀景伯范陽張茂先士卿劉先生南

陽郟潤甫河南鄭思淵余友有秦生者雖有姊夫之尊少而狎之同時昵好張荀之徒數年之中繼踵登朝而此賢身處陋巷屢沽而無善價抗志自若終不衰墮爲之慨然又惟諸賢旣已在位曾無伐木嚶鳴之聲又違王貢彈冠之義故因秦生容貌之盛爲頭責之文以戲之并以嘲六子焉雖似諧謔實有興也文曰維泰始元年頭責子羽曰吾託爲子頭萬有餘日矣大塊稟我以精造我以形我爲子蒔髮膚置鼻耳安

眉頟揷牙齒䶊子橋光雙權隆起每至出入人
閒遨游市里行者辟易坐者竦踞或稱君侯或
言將軍捧手傾側佇立踦䟺如此者故我形之
足偉也子冠冕弗戴金銀弗佩艾以當笄幍以
代帶百味弗嘗食粟茹菜歲暮年過曾不自悔
子厭我形容我賤子意態若此者必子行已累
也子遇我如讐我視子如仇居常不樂兩者俱
憂何其鄙哉子欲為仁賢耶則當如咎陶后稷
巫咸伊陟保乂王家永見封殖子欲為名高耶

則當如許由子臧卞隨務光洗耳逃禄千載流芳子欲爲游說耶則當如陳軫蒯通陸生鄧公轉禍爲福含辭從容子欲爲進趨耶則當如賈生之求試終軍之請使砥礪鋒穎以幹王事子欲爲恬淡耶則當如老聃之守一莊周之自逸漠然離俗志凌雲日子欲爲隱遯耶則當如榮期之帶索漁父之瀺灂棲遲神岳垂餌巨壑此一介之人所以顯身成名者也今子上不睎道德中不效儒墨塊然窮賤守此愚惑察子之情

觀子之志退不爲處士進無望三事而徒玩日勞形習爲常人之所喜不亦過乎子羽愀然深念而對曰凡所敎勑謹聞命矣受性拘係不聞禮義誒以天幸爲子所寄今子欲使吾爲忠耶當如包胥屈平欲使吾爲信耶則當殺身以成名欲使吾爲節耶則當赴水火以全貞此四者人之所忌故吾不敢造意頭曰子所謂天刑地網剛德之尤不登山抱木則蹇裳赴流吾欲告尔以養性誨爾以優游而與蟣虱同情不聽我

謀悲哉俱御人體而獨爲子頭且儗人其倫喻子儕偶曾不如太原溫顒潁川荀禹范陽張華士鄉劉許南陽鄒湛河南鄭詡此數子者或謇吃無宮商或尫陋希言語或淹伊多姿態或讙譁少智諝或口如含膠飴或頭如巾虀杵而猶以文采可觀意思詳序攀龍附鳳並登天府夫舐痔得車沉淵竊珠豈若夫子徒令脣舌腐爛手足沾濡哉居有事之世而耻爲權謀譬猶鑿地抱甕難以求富嗟乎子羽何異牢檻之熊深

穽之虎石間餓蟹竈中之鼠事雖多而見工甚少宜其卷局煎蹙至老無所騁也支離其形者猶能不困命也夫與子同處其文九百餘言頗有東方朔客難劉孝標絶交論之體集仙傳所載神女成公智瓊傳見於太平廣記蓋斂之作也鄒湛姓名因羊叔子而傳而字曰潤甫則見於此

漢武帝田蚡公孫弘

尚論古人者如漢史所書於武帝則譏其好大

喜功窮奢極侈置生民於塗炭於田蚡則詆其
召貴驕溢以肺腑爲相殺竇嬰灌夫於公孫弘
則云性意忌外寬内深飾詐釣名不爲賢大夫
所稱述然以予考之三君臣者實有大功於名
教自秦始皇焚書坑儒六學散缺高帝初興未
遑庠序之事孝惠高后時公卿皆武力功臣孝
文好刑名孝景不任儒至於武帝田蚡爲丞相
黜黄老刑名百家之言延文學儒者以百數帝
詳延天下多聞之士咸登諸朝令禮官勸學講

議洽聞舉遺興禮以爲天下先而公孫弘以治春秋爲丞相天下學士靡然鄉風弘爲學官悼道之鬱滯始請爲博士官置弟子郡國有秀才異等輒以名聞請著爲令而詩書易禮之學彬彬並興使唐虞三代以來稽古禮文之事得以不廢令之所以識聖人至道之要者實本於此史稱其罷黜百家表章六經號令文章煥焉可述蓋巳不能盡其美然則武帝奢暴固貽患於一時蚡弘之爲人得罪於公論而所以扶持聖

教者乃萬世之功也平帝元始詔書尚能稱弘
之率下篤俗但不及此云

近世文物之殊

國家南渡以來典章文物多不與承平類姑以
予所親見者言之葢月異而歲不同今聊紀從
官立班隨駕省試官入院政府呼召百官騶從
朝報簡削數項以示子姪侍從常朝紹興中分
立於垂拱殿隔門上南北相向以俟追班乾道
中猶然暨淳熙則引於殿門上東西對立車駕

出常朝文臣自宰相至二史武臣自宗王使相至觀察使以雜壓次序行焉孝宗在普安邸官撿挍少保節度使每出必處正尚書之後而乾道以來兩班分而爲二唯使相不然故開府儀同三司皆與執政官聯行而居其上紹興十二年壬戌予寓南山淨慈待詞科試見省試官聯騎公服戴帽不加披衫每一員以親事官一人執敕黃行前是時知舉參詳點撿官合三十一員最後一中官宣押者入下天竺貢院及三十年庚辰

子以吏部郎充參詳官旣入内受勑則各各乘
馬不同時而赴院至淳熙十四年丁未忝司貢
舉則了與昔異三三兩兩自爲遲速其乘轎者
十人而九矣宰府呼召之禮始時庶僚皆然已
而卿監郎官及史局玉牒所緣提舉官屬之故
一切得免逮乾道以後宰相益自卑於是館職
亦免迄于淳熙則凡職事官悉罷此制朝士騶
從至少各得雇募若干取步軍司名籍而幇錢
米於左藏率就雇游手冗卒兩分可供一名如

假借於近郡者給其半初猶破省馬并一馭者後不復有焉若乘轎僅能充負荷而已今日以益增雖下列亦占十餘輩進奏院報狀必載外郡謝上或監司到任表與夫慶賀表章一篇凡朝廷除郡守先則除目但云其人差知某州替其人及録黄下吏部則前銜後擬云某官姓名宜差知或權知權發遣某州軍州兼管内勸農營田事替某人到任成資闕或云年滿仍借紫借緋候回日却依舊服色外官求休致則云某州申某官姓

名爲病乞致仕或兩人三人後云某時已降勑命各守本官致仕今不復行但小報批下或禁小報則無由可知此必一宰相以死爲諱者故去之外官表章聞有一二欲士大夫見之者須以屬東省乃可郡守更不報細銜禮文簡脫一至於此

容齋五筆卷第四

容齋五筆卷第五　十五則

庾公之斯

孟子逢蒙學射於羿盡羿之道思天下惟羿爲愈已於是殺羿孟子曰是亦羿有罪焉公明儀曰疑若無罪焉曰薄乎云爾惡得無罪此一段既畢而繼之曰鄭人使子濯孺子侵衛衛使庾公之斯追之子濯孺子曰今日我疾作不可以執弓吾死矣夫問其僕曰追我者誰也其僕曰庾公之斯也曰吾生矣其僕曰庾公之斯衛之

善射者也夫子曰吾生何謂也曰庾公之斯學射於尹公之他尹公之他學射於我夫尹公之他端人也其取友必端矣庾公之斯至曰夫子何爲不執弓曰今日我疾作不可以執弓曰小人學射於尹公之他尹公之他學射於夫子我不忍以夫子之道反害夫子雖然今日之事君事也我不敢廢抽矢扣輪去其金發乘矢而後反孟子書子濯庾公一段幾二百字其旨以謂使羿如子濯得尹公而教之則必無逢蒙之禍

然前段結尾自常爲文者處之必云如子濯孺子施教於尹公之他則可不然後段之末必當云以是事觀之羿之不善取友至於殺身其失如此然後文體相屬茲判爲兩節若不關聯而宮商相宣律呂明煥立言之妙是豈步趨模倣所能彷彿哉人爲兒童時便讀此章未必深識其趣故因表出而極論之左氏傳書衛獻公奔齊云尹公他學射於庚公差庚公差學射於公孫丁他與差爲孫林父追公公孫丁御公庚公

差曰射爲背師不射爲戮射爲禮乎射兩軥而還尹公佗曰子爲師我則遠矣乃反之公孫丁授公轡而射之貫佗臂即孟子所引者而名字先後美惡皆不同

萬事不可過

天下萬事不可過豈特此也雖造化陰陽亦然雨澤所以膏潤四海然過則爲霖淫陽舒所以發育萬物然過則爲燠亢賞以勸善過則爲僭刑以懲惡過則爲濫仁之過則爲兼愛無父義

之過則爲爲我無君執禮之過反鄰於謟尚信之過至於證父是皆偏而不舉之弊所謂過猶不及者揚子法言云周公以來未有漢公之懿也勤勞則過於阿衡蓋謟王莽也後之議者謂阿衡之事不可過也過則反乃謟莽耳其旨意固然

致仕官上壽

國朝大臣及侍從致仕後多居京師熈寧中范蜀公自翰林學士以本官戶部侍郎致仕同天

節乞隨班上壽許之遂著爲令元祐初韓康公以故相判大名府還都拜司空致仕值太皇太后受冊禮畢乞隨班稱賀降詔免赴皆故事也

## 桃花笑春風

王荆公集古胡笳詞一章云欲問平安無使來桃花依舊笑春風後章云春風似舊花仍笑人生豈得長年少二者貼合如出一手每歎其精工其上句盖用崔護詩後一句久不見其所出近讀范文正公靈巖寺一篇云春風似舊花猶

笑以仍爲猶乃此也李義山又有絶句云無賴夭桃面平明露井東春風爲開了却擬笑春風語意兩極其妙

嚴先生祠堂記

范文正公守桐廬始於釣臺建嚴先生祠堂自爲記用屯之初九蠱之上九極論漢光武之大先生之高財二百字其歌詞云雲山蒼蒼江水泱泱先生之德山高水長旣成以示南豐李泰伯泰伯讀之三歎味不已起而言曰公之文一

出必將名世某妄意輒易一字以成盛美公瞿然握手扣之答曰雲山江水之語於義甚大於詞甚溥而德字承之乃似趑趄擬換作風字如何公凝坐頷首殆欲下拜張伯玉守河陽作六經閣記先託游士及在職者各爲之凡七八本既畢並會於府伯玉一一閱之取紙書十四字徧示客曰六經閣諸子史集在焉不書尊經也時曾子固亦預坐驚起摘伏邁頃聞此二事於張子韶不能追憶經閣所在及其文竟就於誰

手後之君子當有知之者矣

大言誤國

隗囂謀畔漢馬援勸止之甚力而其將王元曰今天水全富士馬最強案秦舊迹表裏河山元請以一丸泥爲大王東封函谷關囂反遂決至於父子不得其死元竟降漢隋文帝伐陳大軍臨江都官尚書孔範言於後主曰長江天塹古以爲限隔南北今日虜軍豈能飛度邪臣每患官卑虜若渡江臣定作太尉公矣或妄言北軍

馬死範曰此是我馬何爲而死帝笑以爲然故不爲深備已而國亡身竄遠裔唐元宗有克復中原之志及下南閩意以謂諸國可指麾而定而事力窮薄且無良將魏岑因侍宴言臣少遊元城好其風物陛下平中原臣獨乞任魏州元宗許之岑趨墀下拜謝人皆以爲佞孟蜀通奏使王昭遠居常好大言有雜耕渭上之志聞王師入討對賓客援手言此送死來爾乘此遂北遂定中原不煩再舉也不兩月蜀亡昭遠爲俘

此四臣之佞本為爵祿及一時容悅而已亦可悲哉

宗室覃恩免解

淳熙十三年光堯太上皇帝以聖壽八十肆赦推恩宇宙之內蒙被甚廣太學諸生至于武學皆得免文解一次凡該此恩者千二三百人而宗子在學者不預諸人相率詣宰府且徧謁侍從臺諫各納一劄子叙述大旨其要以為德壽霈典普天同慶而玉牒支派辱居膠庠顧不獲

與布衣書生等竊譬之世俗尊長生日召會族姻而本家子孫不享杯酒臠炙外議謂何今厖鴻之澤如此而宗學乃不許厠名於義於禮恐爲未愜是時諸公莫肯出手爲言邁以待制侍講内宿適蒙宣引因出其紙以奏仍爲敷陳此輩所云尊長生日會客而本家子弟不得坐譬諭可謂明白孝宗亦笑曰甚是切當有理時所擕只是白劄子蒙徑付出施行遂一例免舉其人名字今不復能記憶矣

## 唐書載韓柳文

宋景文修唐書韓文公傳全載其進學解諫佛骨表潮州謝上表祝鱷魚文皆不甚潤色而但換進學解數字頗不如本意元云招諸生立館下改招字爲召既言先生入學則諸生在前招而誨之足矣何召之爲障百川而東之改障字爲停本言川流橫潰故障之使東若以爲停於義甚淺改跋前疐後爲躓後韓公本用狼跋詩語非躓也其他以爬羅剔抉爲杷羅焚膏油爲

燒以取敗幾時爲其敗吳元濟傳書平淮西碑文千六百六十字固有他本不同然才減節輒不穩當明年平夏一句悉芟之平蜀西川減西川字非郊廟祠祀其無用樂減祠其兩字皇帝以命臣愈臣愈再拜稽首減下臣字殊害理汝其以節都統討軍以討爲諸尤不然討者如左傳討軍實之義若云諸軍何人不能下此語柳子厚傳載其文章四篇與蕭俛許孟容書正符懲咎賦也孟容書意象步武全與漢楊惲荅孫

會宗書相似正符傚班孟堅典引而其四者次序或失之至云宗元不得召內閣悼作賦自儆然其語曰逾再歲之寒暑則責居日月未爲久難以言不得召也資治通鑑但載梓人及郭橐駝傳以爲其文之有理者其識見取舍非宋景文可比云

冥靈社首鳳

光堯上仙於梓宮發引前夕合用警場導引鼓吹詞邁在翰苑製撰其六州歌頭內一句云春

秋不説楚冥靈常時進入文字立待報者則貼
黄批急速未嘗停滯是時首尾越三日又入奏
趣請付出太常吏欲習熟歌唱守院門伺候適
有表弟沈日新在軍將橋客邸一士人乃上庠
舊識忽問楚冥靈出處沈亦不能知來扣予因
以莊子語告之急走報此士大喜初孝宗以付
巨璫霍汝弼使釋其意此士霍客也故宛轉貴
目如此又面奉肯令代作挽詩五章其四云鼎
湖龍去遠社首鳳來遲當時不敢宣泄而帶御

器械謝純孝寄以爲問乃爲舉王子年拾遺記蓋周成王事也禁苑文書周悉乃爾

## 左傳州郡

左傳魯哀公二年晉趙鞅與鄭戰誓衆曰克敵者上大夫受縣下大夫受郡士田十萬注云周書作雒篇千里百縣縣有四郡然則郡乃隸縣而歷代地里郡國志未之或書又傳所載地名從州者凡五魯宣公會齊于平州以定其位注云齊地在泰山牟縣西見於正經它如允姓之

戎居于瓜州注今燉煌也楚莊王滅陳復封之鄉取一人焉以歸謂之夏州齊子尾使閭丘嬰伐我陽州注魯地後四十年又書魯侵齊門于陽州注攻其門也苫越生子將待事而名之陽州之役獲焉名之曰陽州是齊魯皆有此地也衛莊公登城以望見戎州曰我姬姓也何戎之有焉以上唯瓜州之名至今

貧富習常

少時見前輩一說云富人有子不自乳而使人

棄其子而乳之貧人有子不得自乳而弃之以乳他人之子富人懶行而使人肩輿貧人不得自行而又肩輿人是皆習以爲常而不察之也天下事習以爲常而不察者推此亦多矣而人不以爲異悲夫甚愛其論後乃得之於晁以道客語中故謹書之益廣其傳

## 唐用宰相

唐世用宰相不以序其得之若甚易然固有出入大僚歷諸曹尚書御史大夫領方鎮入爲僕

射東宮師傅而不得相者若顔眞卿王起楊於陵馬摠盧鈞韓臯柳公綽公權盧知猷是也如人主所欲用不過侍郎給事中下至郎中博士者才居位即禮絶百僚諫官御史聽命之不暇顧何敢抨彈其失與國朝異矣其先在職者仍許引其同列若姚元崇之引宋璟蕭嵩之引韓休李林甫引牛仙客陳希烈楊國忠引韋見素盧杞引關播李泌引董晉竇參李吉甫引裴垍李德裕引李回皆然

## 史記簡妙處

太史公書不待稱説若云褒贊其高古簡妙處殆是摹寫星日之光輝多見其不知量也然予每展讀至魏世家蘇秦平原君魯仲連傳未嘗不驚呼擊節不自知其所以然魏公子無忌與王論韓事曰韓必德魏愛魏重魏畏魏韓必不敢反魏十餘語之閒五用魏字蘇秦説趙肅侯曰擇交而得則民安擇交而不得則民終身不安齊秦爲兩敵而民不得安倚秦攻齊而民不

得安倚齊攻秦而民不得安平原君使楚客毛遂願行君曰先生處勝之門下幾年于此矣曰三年于此矣君曰先生處勝之門下三年於此矣左右未有所稱誦勝未有所聞是先生無所有也先生不能先生留遂力請行面折楚王再言吾君在前叱者何也至左手持盤血而右手招十九人於堂下其英姿雄風千載而下尚可想見使人畏而仰之卒定從而歸至於趙平原君曰勝不敢復相士勝相士多者千人寡者百

數今乃於毛先生而失之毛先生一至楚而使趙重於九鼎大呂毛先生以三寸之舌強於百萬之師勝不敢復相士秦圍趙魯仲連見平原君曰事將柰何君曰勝也何敢言事魏客新垣衍令趙帝秦今其人在是勝也何敢言事仲連曰吾始以君爲天下之賢公子也吾今然後知君非天下之賢公子也客安在平原往見衍曰東國有魯仲連先生者勝請爲紹介交之於將軍衍曰吾聞魯仲連先生齊國之高士也衍人

臣也使事有職吾不願見魯仲連先生及見衍衍曰吾視居此圍城之中者皆有求於平原君者也今吾觀先生之玉貌非有求於平原君者也又曰始以先生爲庸人吾乃今日知先生爲天下之士也是三者重沓熟復如駿馬下駐千丈坡其文勢正爾風行於上而水波眞天下之至文也

玉津園喜晴詩

淳熙十二年三月二十六日車駕宿戒幸玉津

園命下大雨有旨許從駕官帶雨具將曉有晴意已而天宇豁然至晚歸邁進一詩歌詠其實云五更猶自雨如麻無限都人仰翠華翻手作雲方悵望舉頭見日共驚嗟天公的有施生妙帝力堪同造物誇上苑春光無盡藏可須羯鼓更催花四月四日扈從詣景靈宮朝獻蒙於幕次賜和篇聖製云比幸玉津園縱觀春事適霽色可喜卿有詩來上因俯同其韻春郊柔緑遍桑麻小駐芳園覽物華應信吾心非暇逸頓回

晴意絶咨嗟毎思富庶將同樂敢務游畋漫自誇不似華清當日事五家車騎爛如花後二日兵部尚書宇文价内引上舉似此詩曰洪待制用雨如麻字偶思得桑麻可押又其末句用羯鼓催花事故以華清車騎荅之价拱手稱賛明日以相告云

錿巨賀蘭

天下國家不幸而有四郊之警爲人臣者當隨事力悉心盡忠以致尺寸之效苟爲叨竊禄

位視如秦越一切惟已私之是徇雖千百載後覩其事者猶使人怒髮衝冠也唐天寶禄山之亂可謂極矣虢王巨爲河南節度使賀蘭進明繼之擁數道之兵臨要害之地尊爲征鎮有民有財而汗漫忌疾非徒無益而反敗之巨在彭城張巡在雍丘以將士有功遣使請巨請空名告身及賜物巨惟與折衝果毅告身三十通不與賜物巡竟不能立徙于睢陽先是太守許遠積糧六萬石巨以其半給濮陽濟陰遠固爭不

得二郡得糧遂以城叛而睢陽食盡顔魯公起
兵平原合衆十萬旣成魏郡堂邑之功矣是時
進明爲北海太守亦起兵公以書召之并力進
明度河公每事咨之軍權始移遂取捨任意以
得招討後詣行在因譖房琯自嶺南而易河南
張巡受圍困棘遣南霽雲告急於其所治臨淮
相去三百里弃而不救平原睢陽失守實二人
之故一時議者皆不以爲言使之連据高位顯
爲佚罰曾不十年巨斥刺遂州爲段子璋所殺

進明坐第五琦黨首御史大夫賓諝以死天綱
恢恢玆焉不漏

容齋五筆卷第五

# 容齋五筆卷第六 十二則

## 鄱陽七談

鄱陽素無圖經地志，元祐六年，餘干進士都頡始作《七談》一篇，敘土風人物，云：「張仁有篇，徐濯有說，顧雍有論，王德璉有記，而未有形於詩賦之流者，因作《七談》。」其起事則命以建端先生，其止語則以畢意子。其一章言澹浦、彭蠡山川之險勝，番君之靈傑；其二章言濱湖蒲魚之利，膏腴七萬頃，柔桑蠶繭之盛；其三章言林麓木植之饒水草蔬果之衍魚鼈禽畜之富其四章言銅冶鑄錢陶埴爲器其五章言官寺游觀王逷仙壇吳氏潤泉叔倫戴隄其六章言鄱江之水其七章言堯山之民有陶唐之遺風凡三千餘字自謂八日而成比之太沖十稔平子十年爲無慊予偶於故麓中得之惜其不傳于世故表著於此其所引張徐王顧所著今不復存更爲可恨也

經解之名

晉唐至今諸儒訓釋六經否則自立佳名蓋各以百數其書曰傳曰解曰章句而已若戰國迨漢則其名簡雅一曰故故者通其指義也書有夏侯解故詩有魯故后氏故韓故也毛詩故訓傳顔師古謂流俗改故訓傳爲詁字失真耳小學有杜林蒼頡故二曰微謂釋其微指如春秋有左氏微鐸氏微張氏微虞卿微傳三曰通如洼丹易通論名爲洼君通班固白虎通應劭風



俗通唐劉知幾史通韓滉春秋通凡此諸書唯

白虎通風俗通僅有耳又如鄭康成作毛詩箋申明傳義他書無用此字者論語之學但曰齊論魯論張侯論後來皆不然也

卜筮不敬

古者龜爲卜筴爲筮皆與神物以前民用其用之至嚴其奉之至敬其求之至悉其應之至精齋戒乃請問不相襲故史視所言其驗若荅周史筮陳敬仲知其八世之後莫之與京將必代齊有國史蘇占晉伯姬之嫁而及於爲嬴敗姬

惠懷之亂至遂至贖通於神明後世浸以不然今而愈甚至以飲食猥雜之際呼日者偶坐使之占卜往往不加冠裳一問四五而責其術之不信豈有是理哉善乎班孟堅之論曰君子將有爲也將有行也問焉而以言其受命也如響及至衰世懈於齋戒而屢煩卜筮神明不應故筮瀆不告易以爲忌龜厭不告詩以爲刺謂周易之蒙卦曰初筮告再三瀆瀆則不告詩小旻之章云我龜既厭不我告猶言卜問煩數狎嫚

於龜龜靈厭之不告以道也漢世尚爾況在於今未嘗頃刻盡敬而一歸咎於淄巫瞽史其可乎哉

## 糖霜譜

糖霜之名唐以前無所見自古食蔗者始爲蔗漿宋玉招魂所謂胹鼈包羔有柘漿是也其後爲蔗餳孫亮使黄門就中藏吏取交州獻甘蔗餳是也後又爲石蜜南中八郡志云笮甘蔗汁曝成飴謂之石蜜本草亦云煉糖和乳爲石蜜

是也後又爲蔗酒唐赤土國用甘蔗作酒雜以紫瓜根是也唐太宗遣使至摩揭陁國取熬糖法即詔揚州上諸蔗榨瀋如其劑色味愈於西域遠甚然只是今之沙糖蔗之技盡於此不言作霜然則糖霜非古也歷世詩人模奇寫異亦無一章一句言之唯東坡公過金山寺作詩送遂寧僧圓寶云涪江與中泠共此一味水冰盤薦琥珀何似糖霜美黃魯直在戎州作頌荅梓州雍熙長老寄糖霜云遠寄蔗霜知有味勝於

崔子水晶鹽正宗掃地從誰說我舌猶能及鼻尖則遂寧糖霜見於文字者實始二公甘蔗所在皆植獨福唐四明番禺廣漢遂寧有糖冰而遂寧爲冠四郡所產甚微而顆碎色淺味薄纔比遂之最下者亦皆起於近世唐大曆中有鄒和尚者始來小溪之繖山教民黃氏以造霜之法繖山在縣北二十里山前後爲蔗田者十之四糖霜戶十之三蔗有四色曰杜蔗曰西蔗曰艻蔗本草所謂荻蔗也曰紅蔗本草崑崙蔗也

紅蔗止堪生噉芳蔗可作沙糖西蔗可作霜色淺土人不甚貴杜蔗紫嫩味極厚專用作霜凡蔗最困地力今年爲蔗田者明年改種五穀以息之霜戶器用曰蔗削曰蔗鎌曰蔗凳曰蔗碾曰榨斗曰榨牀曰漆甕各有制度凡霜一甕中品色亦自不同堆疊如假山者爲上團枝次之甕鑑次之小顆塊次之沙脚爲下紫爲上深琥珀次之淺黃又次之淺白爲下宣和初王黼創應奉司遂寧常貢外歲别進數千斤是時所產

益奇墻壁或方寸應奉司罷乃不再見當時因之大擾敗本業者居半久而未復遂寧王灼作糖霜譜七篇具載其説予采取之以廣聞見

李彥仙守陝

靖康夷虜之禍忠義之士死於守城而得書史傳者如汾州之張克戩隆德之張確懷之霍安國代之史抗建寧寨之楊震振武之朱昭是已唯建炎以來士之得其死者蓋不少兹讀王灼所作李彥仙傳雖嘗具表上進然慮實録正史

未曾采用謹識於此彥仙字少嚴本名孝忠其先寧州人也後徙于鞏幼有大志喜談兵習騎射所歷山川形勢必識之尚氣謹然諾非豪俠不交金人南侵郡縣募勤王軍彥仙散家貲得三千人入援京師虜圍太原李綱爲宣撫使彥仙上書切詆有司逮捕急乃易今名棄官亡命頃之後從种師中師中敗死仙走陝州守將李彌大問以事條對詳復使扼殽澠閒金人再圍汴陝西范致虛總六路兵進援仙請曰殽澠險

隘難於立軍前郤即衆潰矣宜分道並進伺空以出且留半軍于陜爲善後計致虚曰如子言乃逗撓也仙曰兵輕而分正可速達不從爭益牟致虚怒罷其職旣而敗績卒無功建炎元年四月金人屠陜州經制使王燮度不能支引部曲去官吏逃逸仙爲石壕尉獨如平時歸者襁屬即徙老穉入土花砦三觜石柱大通諸山拔武鋭者分主之自營三觜諭衆曰虜實易與今得地利若輩堅守足矣少日虜復据陜分軍來

攻有健酋升前阜謾罵仙單騎衝擊掞之以歸始料衆正部伍虜數萬圍三觜仙邀戰伏精兵後崦掩殺萬計奪馬三百虜解去京洛間多爭附者勢益雄張未閱月破虜五十餘壁初虜再入陜官其土人俾招復業者人給符别之仙陰縱麾下往約日內應二年三月引兵直州南城中火起虜方備南壁而水軍自新店夜順流薄城東北蒙泉坡龍堂溝以入表裏夾攻僵尸相藉遂復陜始河東之人倡義拒虜仙約胡夜乂

者爲功假以沿河提舉意不滿叛趨南原仙誘致殺之奪五千衆邵隆邵雲本其黨欲爲復讐仙因客鐫說遂來歸乘勝渡河柵中條諸山蒲解至太原皆響動乃分遣隆雲等取安邑虞鄉芮城正平解皆下之蒲幾拔會援至不克以功遷閤門宣贊舍人就界陝兼安撫司公事悉表所俘酋長護送行在上咨歎賜袍帶槍劍許直達奏事便宜處決時關以東獨陝在益增陴疏塹蒐軍繕鎧廣屯田訓農耕作家素留鞏盡取

至官曰吾父母妻子同城存亡矣聞者感悦各有固志十二月金酋烏魯撒拔圍陝仙背城鏖鬬七日虜傷甚跳奔三年婁宿孛堇自絳移屯蒲解諜知之設伏於諸谷鼓譟横突俘馘十八婁宿僅以身免制置使王庶檄使輕軍掎角次虞鄉虜以萬甲逆石鍾谷口終日戰斬級二千遷武功大夫寧州觀察使河解同耀制置使時河東土豪寄附期王師來爲應仙益治軍欲請于朝乞詔陝西諸路各助步騎二萬會張浚經

略處置川陜弗之許十二月婁宿衆十萬復圍陜仙夜使人隧地焚其攻具營部囂亂縱兵乘之虜稍退四年正月益生兵傅壘晝夜進攻鵝車天橋火車衝車叢進仙隨機拒敵又爲金汁礮火藥所及麋爛無遺而圍不解日憑堞須外援浚爲遣軍虜先阻雍不得進則令涇原曲端出鄜坊繞虜後端素嫉仙聲績逾巳幸其敗詭託不行丁巳城陷仙挾親軍巷戰矢集身如蝟左臂中刃而殊戰逾力遂死之并其家遇害先

是虜嘗許以河南元帥及圍合復言如前約當退師仙吒曰吾寧鬼於宋安用汝富貴爲虜惜其才必欲降之城將破先令軍中生致者子萬金仙平時弊衣同士卒及是雜群伍中死虜不能察其爲人面少和色有犯令雖親屬不貸諸將敗事或有他過其外屯者輒封篚遣帳下往皆裸就箠不敢出一詞當是時同華長安盡爲敵藪陝斗絕一隅初無朝家素定約束中立孤軍日與虜确但誦忠義感厲其衆每拜君賜曁

取敵金贊悉均之毛銖不入已以是精兵三萬大小二百戰皆樂爲用軍事獨裁決至郡政必問法所底闔境稱治浚承制贈彰武軍節度使建廟商州邵雲者龍門人城破被執婁宿欲命以千戶長肆詈不屈乃釘之木架上置解州東門外惡少撫其背涅文戲曰可鞘吾佩刀雲怒偃架朴之後五日磔解之至抉眼摘肝詈不絕喉斷乃已初行刑將剸刃雲叱之失刀而斃其忠勇蓋如此

姦雄疾勝已者

自古姦雄得志包藏禍心窺伺神器其勢必嫉士大夫之勝已者故常持寧我負人無人負我之説若蔡伯喈之值董卓孔文舉禰正平楊德祖之值曹操嵇叔夜阮嗣宗之值司馬昭師溫太真之值王處仲謝安石孟嘉之值桓溫皆可謂不幸矣伯喈僅僅脱卓手終以之隕命正平轉死於黃祖文舉覆宗德祖被戮叔夜羅東市之害嗣宗沉湎佯狂至爲勸進表以逃大咎太

眞以智挫錢鳳而免其危若蹈虎尾唯謝公以高名逵識表裏至誠故温敬之重之不敢萌相窺之意然尚有爲性命忍須臾及晉祚存亡在此一行之處孟嘉爲人夷曠沖默名冠州里稱盛德人仕於温府歷征西叅軍從事中郎長史在朝隤然仗正必不効郗超輩輕與温合然自度終不得善其去故放志酒中如龍山落帽豈爲不自覺哉温至云人不可以無勢我乃能駕馭卿老賊於是見其肺肝矣嘉雖得全於酒幸

以考終然財享年五十一蓋酒爲之累也陶淵明實其外孫傷其道悠運促悲夫

俗語放錢

今人出本錢以規利入俗語謂之放債又名生放予考之亦有所來漢書谷永傳云至爲人起責分利受謝顔師古注曰言富賈有錢假託其名代之爲主放與他人以取利息而共分之此放字所起也

漢書多叙谷永

予亡弟景何少時讀書甚精勤晝夜不釋卷不幸有心疾以至夭逝嘗見梁弘夫誦漢書即云唯谷永一人無處不有弘夫驗之於史乃服其說今五十餘年矣漫摭永諸所論建以渫予在原之思薛宣爲少府御史大夫缺永言宣簡在兩府諫大夫劉輔繫獄永同中朝臣上書救之光禄大夫鄭寬中卒永乞以師傅恩加其禮謚陳湯下獄永上疏訟其功鴻嘉河決永言當觀水勢然後順天心而圖之成帝好鬼神方術永

言皆妄人惑衆挾左道以欺罔世主宜距絶此類梁王爲有司奏禽獸行永上疏諫止勿治淳于長初封下朝臣議永言長當封段會宗復爲西域都護永憐其老復遠出手書戒之建昭雨雪燕多死永請皇后就宮令衆妾人人更進建始星孛營室永言爲後宮懷姙之象彗星加之將有絶繼嗣者永始日食永以易占對言酒亡節之所致次年又食永言民愁怨之所致星隕如雨永言王者失道下將叛去故星叛天而隕

以見其象樓護傳言谷子雲之筆札叙傳述其論許班事許皇后傳云上采永所言以荅書其載於史者詳複如此本傳云永善言災異前後所上四十餘事蓋謂是云

玉堂殿閣

漢谷永對成帝問曰抑損椒房玉堂之盛寵顔師古注椒房皇后所居玉堂嬖幸之舍也按漢書李尋傳久汙玉堂之署注玉堂殿在未央宫翼奉疏曰孝文帝時未央宫又無高門武臺麒

麟鳳皇白虎玉堂金華之殿三輔黃圖曰未央宮有殿閣三十二椒房玉堂在其中漢宮閣記云未央宮有玉堂宣室閣又引漢書建章宮南有玉堂壁門三層臺高二十丈玉堂內殿十二門階階皆玉爲之又有玉堂神明堂二十六殿然今漢書郊祀志但云建章宮南有玉堂壁門而無宅語晉灼注揚雄解謿上玉堂之句曰黃圖有大玉堂小玉堂殿而今黃圖無此文國朝太宗淳化中賜翰林玉堂之署四字其後以最

下一字犯廟諱故元符中只云玉堂紹興末學士周麟之又乞高宗御書玉堂二字揭於直廬麟之跋語自有所疑巳而議者皆謂玉堂乃殿名不得以爲臣下直舍當如承明故事請曰玉堂之廬可也今翰林但扁摛文堂三字示不敢居然則其爲禁内宫殿明白有殿有閣有臺谷永以酝椒房言之意當日亦嘗爲燕游之地師古直以爲嬖幸之舍與前注自相舛異大誤矣

漢武帝喜殺人者

漢武帝天資剛嚴聞臣下有殺人者不唯不加之罪更喜而褒稱之李廣以故將軍屏居藍田夜出至亭爲霸陵醉尉所辱居無何拜右北平太守請尉與俱至軍而斬之上書自陳謝罪上報曰將軍者國之爪牙也怒形則千里竦威振則萬物伏夫報忿除害朕之所圖於將軍也若迺免冠徒跣稽顙請罪豈朕之指哉胡建守軍正丞謂未得眞官兼守云也時監軍御史穿北軍壘垣以爲賈區建欲誅之當選士馬日御史與護軍諸

校列坐堂皇上建趨至拜謁因令走卒曳御史下斬之遂上奏曰案軍法正亡屬將軍將軍有罪以聞二千石以下行法焉丞於用法疑臣謹以斬謂丞屬軍正斬御史於法有疑也制曰三王或誓於軍中欲民先成其慮也或誓於軍門之外欲民先意以待事也或將交刃而誓致民志也建又何疑焉建繇是顯名觀此二詔豈不開妄殺之路乎

知人之難

霍光事武帝但爲奉車都尉出則奉車入侍左右雖以小心謹飭親信初未嘗少見於事也一旦位諸百寮之上使之受遺當國金日磾以胡父不降没入官養馬上因游宴見馬於造次頃刻間異其爲人即日親近其後遂爲光副兩人皆能稱上所委然一日用四人若上官桀桑弘羊亦同時輔政幾於欲害霍光苟非昭帝之明社稷危矣則其知人之哲得失相半爲未能盡此雖帝堯之聖而以爲難也

## 館職遷除

建炎南渡稍置館職紹興初始定制除監少丞外以著作郎佐郎祕書郎二員校書正字通十二員爲額倣唐瀛州十八學士之數其遷出它司非郎官即御史唯林之奇以疾王十朋以論事皆徙越府大宗正丞自乾道以後有旨須曾任爲縣始得除臺察曾任郡守始得爲郎三館之士固無有歷此者於是朝廷欲越次擢用者乃以爲將作軍器少監旋進爲監　班在郎上

則無所不可為欲徑隮清要者則由著遷秘郎而拜左右二史不然不過兼權省郎年歲閒求一郡而去而御史之除皆歸六院矣爾後頗靳其選俟再遷寺監丞簿然後命之向時郡守召用雖自軍壘亦除郎令資淺望輕者但得丞及司直或又再命始入省云

容齋五筆卷第六

盛衰不可常

東坡謂廢興成毁不可得而知予每讀書史追悼古昔未嘗不掩卷而歎伶子于叙趙飛燕傳極道其姊弟一時之盛而終之以荒田野草之悲言盛之不可留衰之不可推正此意也國初時工部尚書楊玢長安舊居多爲鄰里侵占子弟欲以狀訴其事玢批紙尾有試上含元基上望秋風秋草正離離之句方去唐末百年而故

宮殿已如此殆於宗周黍離之詠矣慈恩寺塔有削叔所題一絶句字極小而端勁最爲感人其詞曰漢國河山在秦陵草木深暮雲千里色無處不傷心皆意高遠不知爲何人必唐世詩流所作也李嶠汾陰行云富貴榮華能幾時山川滿目淚沾衣不見只今汾上水唯有年年秋鴈飛明皇聞之至於泣下杜甫觀畫馬圖云憶昔巡幸新豐宮翠華拂天來向東騰驤磊落三萬匹皆與此圖筋骨同君不見金粟堆前松栢

裹龍媒去盡鳥呼風公孫大娘弟子舞劒器行云先帝侍女八千人公孫劒器初第一五十年間似反掌風塵澒洞昏王室梨園弟子散如煙女樂餘姿映寒日元微之連昌宫詞云兩宫定後六七年却尋家舍行宫前莊園燒盡有枯井行宫門闥樹宛然又云舞榭欹傾基尚在文窻窈窕紗猶緑上皇偏愛臨砌花依然御榻臨堦斜寢殿桐連端正樓太眞梳洗樓上頭晨光未出簾影黑至今反挂珊瑚鈎指似傍人因慟哭

却出宮門淚相續凡此諸篇不可勝紀飛燕別傳以爲伶玄所作又有玄自叙及宣譚跋語予竊有疑焉不唯其書太媟至云揚雄獨知之雄貪名矯激謝不與交爲河東都尉捽辱決曹班躅躅從兄子彪續司馬史記絀子于無所叙皆恐不然而自云成哀之世爲淮南相案是時淮南國絕久矣可昭其妄也因序次諸詩聊載於此

唐賦造語相似

唐人作賦多以造語爲奇杜牧阿房宫賦云明星熒熒開粧鏡也緑雲擾擾梳曉鬟也渭流漲膩棄脂水也煙斜霧横焚椒蘭也雷霆乍驚宫車過也轆轆遠聽杳不知其所之也其比興引喻如是其侈然楊敬之華山賦又在其前叙述尤壯曰見若咫尺田千畝矣見若環堵城千雉矣見若杯水池百里矣見若蟻垤臺九層矣醯雞往來周東西矣蠛蠓紛紛秦速亡矣蜂窠聯聯起阿房矣俄而復然立建章矣小星奕奕焚

咸陽矣纍纍繭栗祖龍藏矣後又有李庾者賦西都云秦址薪矣漢址蕪矣西去一舍鞠爲墟矣代遠時移作新都矣其文與意皆不逮楊杜遠甚高彥休闕史云敬之賦五千字唱在人口賦内之句如上數語杜司徒佑李太尉德裕常所誦念牧之乃佑孫則阿房賦實模倣楊作也彥休者昭宗時人

張藴古大寶箴

唐太宗初即位直中書省張藴古上大寶箴凡

六百餘言遂擢大理丞新唐史附其姓名於文藝謝偃傳末文不載此文但云諷帝以民畏而未懷其辭挺切而已資治通鑑僅載其畧曰聖人受命拯溺亨屯故以一人治天下不以天下奉一人壯九重於內所居不過容膝彼昏不知瑶其臺而瓊其室羅八珍於前所食不過適口惟狂罔念丘其糟而池其酒勿沒沒而闇勿察察而明雖冕旒蔽目而視於未形雖黈纊塞耳而聽於無聲然此外尚多規正之語如曰惟辟

作福爲君實難上普天之下處王公之上任土
貢其有求具寮陳其所倡是故恐懼之心日弛
邪僻之情轉放豈知事起乎所忽禍生乎無妄
大明無私照至公無私親禮以禁其奢樂以防
其佚勿謂無知居高聽卑勿謂何害積小就大
樂不可極樂極生哀欲不可縱縱欲成災勿内
荒於色勿外荒於禽勿貴難得貨勿聽亡國音
内荒伐人性外荒蕩人心難得之貨侈亡國之
音淫勿謂我尊而慢賢侮士勿謂我智而拒諫

矜己安彼反側如春陽秋露巍巍蕩蕩恢漢高
大度撫兹庶事如履薄臨深戰戰栗栗用周文
小心一彼此於胸臆捐好惡於心想如衡如石
不定物以限物之懸者輕重自見如水如鏡不
示物以情物之鑒者妍媸自生勿渾渾而濁勿
皎皎而清勿沒沒而闇勿察察而明吾王撥亂
戡以智力民懼其威未懷其德我皇撫運扇以
淳風民懷其始未保其終使人以心應言以行
天下爲公一人有慶其文大抵不凡既不爲史

所背故學者亦罕傳誦蘊古爲丞四年以無罪受戮太宗尋悔之乃有覆奏之旨傳亦不書而以爲坐事誅皆失之矣舊唐書全載此箴仍專立傳不知宋景文何爲削之也

國初文籍

國初承五季亂離之後所在書籍印板至少宜其焚煬蕩析了無孑遺然太平興國中編次御覽引用一千六百九十種其綱目並載於首卷而雜書古詩賦又不及具錄以今考之無傳者

十之七八矣則是承平百七十年翻不若極亂之世姚鉉以大中祥符四年集唐文粹其序有云況今歷代墳籍略無亡逸觀鉉所類文集蓋亦多不存誠爲可歎

叙西漢郊祀天地

郊祀合祭分祭之論國朝元豐元祐紹聖中三議之矣莫辯於東坡之立說然其大旨駁當時議臣謂周漢以來皆嘗合祭及謂夏至之日行禮爲不便予固贊美之於四筆矣但熟考漢史

猶爲未盡自高皇帝增秦四時爲五以事天地武帝以來至于元成皆郊見甘泉武帝因幸汾陰始立后土祠於脽上率歲歲開舉之或隔一歲常以正月郊泰畤三月祠后土成帝建始元年初立南北郊亦用正月三月辛日而罷甘泉汾陰之祭元豐祐紹三議皆未嘗及此蓋盛夏入廟出郊在漢禮元不然也是時坡公以非議者所起故不暇更爲之説似不必深攻合祭爲王莽所行庶幾往復考牘不至矛盾當復俟知

禮者折衷之焉

騫鶱二字義訓

騫鶱二字音義訓釋不同以字書正之騫去乾切注云馬腹縶又虧也今列於禮部韻略下平聲二仙中鶱虛言切注云飛皃今列於上平聲二十二元中文人相承以騫騰之騫爲軒昂掀舉之義非也其字之下從馬馬豈能掀舉哉閔損字子騫雖古聖賢命名制字未必有所拘泥若如虧少之義則渙然矣其下從鳥則於掀飛

之訓爲得此字殆廢於今故東坡山谷亦皆押騫字入元字如時來或作鵬騫傳非其人恐飛騫之類特不暇毛舉深考耳唯韓公和侯協律詠笋一聯云得時方張王挾勢欲騰騫乃爲得之此固小學瑣瑣尤可以見公之不苟於下筆也

書麴信陵事

夜讀白樂天秦中吟十詩其立碑篇云我聞望江縣麴令撫惸嫠（麴名信陵）在官有仁政名不聞京

師身殁欲歸葬百姓遮路岐攀轅不得去留葬此江湄至今道其名男女涕皆垂無人立碑碣唯有邑人知予因憶少年寓無錫時從錢伸仲大夫借書正得信陵遺集財有詩三十三首祈雨文三首信陵以正元元年鮑防下及第爲四人以六年作望江令讀其投石祝江文云必也私欲之求行於邑里慘黷之政施於黎元令長之罪也神得而誅之豈可移於人以害其歲詳味此言其爲政無愧於神天可見矣至大中十

一年寄客鄉貢進士姚鞏以其文示縣令蕭縝縝輟俸買石刋之樂天十詩作於正元元和之際距其亡十五年耳而名巳不傳新唐藝文志但記詩一卷略無它說非樂天之詩幾於與草木俱腐乾道二年歷陽陸同爲望江令得其詩於汝陰王廉清爲刋板而致之郡庫但無祈雨文也

貢禹朱暉曉達

貢禹壯年仕不遇棄官而歸至元帝初乃召用

由諫大夫遷光禄奏言臣犬馬之齒八十一凡有一子年十二則禹入朝時蓋年八十其生子時固已七十歲矣竟再遷至御史大夫列於三公杜子美云長安卿相多少年富貴應須致身早是不然也朱暉在章帝朝自臨淮太守屏居後召拜僕射復爲太守上䟽乞留中詔許之因議事不合自繫獄不肯復署議曰行年八十得在機密當以死報遂閉口不復言帝意解遷爲尚書令至和帝時復諫征匈奴計其年當九十

矣其忠正非禹比也

琵琶行海棠詩

白樂天琵琶行一篇讀者但羨其風致敬其詞章至形於樂府詠歌之不足遂以謂眞爲長安故倡所作予竊疑之唐世法網雖於此爲寬然樂天嘗居禁密且謫官未久必不肯乘夜入獨處婦人船中相從飲酒至於極彈絲之樂中夕方去豈不虞商人者它日議其後乎樂天之意直欲攄寫天涯淪落之恨爾東坡謫黄州賦定

惠院海棠詩有陋邦何處得此花無乃好事移西蜀天涯流落俱可念爲飲一尊歌此曲之句其意亦爾也或謂殊無一話一言與之相似是不然此眞能用樂天之意者何必効常人章摹句寫而後已哉

東坡不隨人後

自屈原詞賦假爲漁父日者問荅之後後人作者悉相規倣司馬相如子虛上林賦以子虛烏有先生亡是公揚子雲長楊賦以翰林主人子

墨客卿班孟堅兩都賦以西都賓東都主人張平子兩都賦以憑虛公子安處先生左太冲三都賦以西蜀公子東吳王孫魏國先生皆改名換字蹈襲一律無復超然新意稍出於法度規矩者晉人成公綏嘯賦無所賓主必假逸羣父子乃能遺詞枚乘七發本只以楚太子吳客爲言而曹子建七啓遂有玄微子鏡機子張景陽七命有冲漠公子殉華大夫之名言語非不工也而此習根著未之或改若東坡公作後杞菊

賦破題直云吁嗟先生誰使汝坐堂上稱太守殆如飛龍搏鵬騫翔扶搖於煙霄九萬里之外不可搏詰豈區區巢林翾羽者所能窺探其涯涘哉於詩亦然樂天云醉貌如霜葉雖紅不是春坡則曰兒童誤喜朱顔在一笑那知是酒紅杜老云休將短髮還吹帽笑倩傍人爲正冠坡則曰酒力漸消風力軟颼颼破帽多情却戀頭鄭谷十日菊云自緣今日人心別未必秋香一夜衰坡則曰相逢不用忙歸去明日黃花蝶也

愁又曰萬事到頭都是夢休休明日黃花蝶也愁正采舊公案而機杼一新前無古人於是爲至與夫用見他桃李樹思憶後園春之意以爲長因送人處憶得別家時爲一僧所嗤者有間矣

元白習制科

白樂天元微之同習制科中第之後白公寄微之詩曰皆當少壯日同惜盛明時光景嗟虛擲雲霄竊暗闚攻文朝矻矻講學夜孜孜策目穿

如札毫鋒銳若錐注云時與徵之結集策略之目其數至百十各有纖鋒細管筆攜以就試相顧輒笑目為毫錐乃知士子待敵編綴應用自唐以來則然毫錐筆之名起於此也

門生門下見門生

後唐裴尚書年老致政清泰初其門生馬裔孫知舉放榜後引新進士謁謝於裴裴歡宴永日書一絶云宦途最重是文衡天與愚夫作盛名三主禮闈今八十門生門下見門生時人榮之

事見蘇耆開譚錄予以五代登科記考之裴在同光中三知舉四年放進士八人裔孫頎焉後十年裔孫爲翰林學士以清泰三年放進士十三人茲所書是已裔孫尋拜相新史亦載此一句云白樂天詩有與諸同年賀座主高侍郎新拜太常同宴蕭尚書亭子一篇注云座主於蕭尚書下及第予考登科記樂天以正元十六年庚辰中書舍人高郢下第四人登科郢以寶應二年癸卯禮部侍郎蕭昕下第九人登科廼郢

拜太常時幾四十年矣昕自癸卯放進士之後二十四年丁卯又以禮部尚書再知貢舉可謂壽俊觀白公所賦益可見唐世舉子之尊尚主司也

韓蘇杜公叙馬

韓公人物畫記其叙馬處云馬大者九匹於馬之中又有上者下者焉行者牽者奔者涉者陸者翹者顧者鳴者寢者訛者立者齕者飲者溲者陟者降者痒磨樹者噓者嗅者喜而相戲者

怒相踶齧者秣者騎者驟者走者載服物者載
狐兎者凡馬之事二十有七焉馬大小八十有
三而莫有同者焉秦少游謂其叙事該而不煩
故倣之而作羅漢記坡公賦韓幹十四馬詩云
二馬並驅攢八蹄二馬宛頸鬉尾齊一馬任前
雙舉後一馬郤避長鳴嘶老髯奚官騎且顧前
身作馬通馬語後有八匹飲且行微流赴吻若
有聲前者既濟出林鶴後者欲涉鶴俛啄最後
一匹馬中龍不嘶不動尾搖風韓生畫馬眞是

馬蘇子作詩如見畫世無伯樂亦無韓此詩此
畫誰當看詩之與記其體雖異其爲布置鋪寫
則同誦坡公之語蓋不待見畫也予雲林繪監
中有臨本略無小異杜老觀曹將軍畫馬圖云
昔日太宗拳毛騧近時郭家師子花今之新圖
有二馬復令識者久歎嗟其餘七匹亦殊絶迥
若寒空動煙雪霜蹄蹴踏長楸間馬官廝養森
成列可憐九馬爭神駿顧視清高氣深穩其語
視東坡似若不及至於斯須九重眞龍出一洗

萬古凡馬空不妨獨步也杜又有畫馬讚云韓幹畫馬毫端有神驊騮老大騕褭清新及四蹄雷雹一日天池瞻彼駿骨實惟龍媒之句坡公九馬贊言薛紹彭家藏曹將軍九馬圖杜子美所爲作詩者也其詞云牧者萬歲繪者惟霸甫爲作誦偉哉九馬讀此詩文數篇眞能使人方寸超然意氣橫出可謂妙絕動宮商矣

風災霜旱

慶元四年饒州盛夏中時雨頻降六七月之閒

未嘗請禱農家水車龍具倚之於壁父老以爲所未見指其西成有秋當倍常歲而低下之田遂以潦告餘干安仁乃於八月罹地火之厄地火者蓋苗根及心孽蟲生之莖榦焦枯如火烈烈正古之所謂蟊賊也九月十四日嚴霜連降晚稻未實者皆爲所薄不能復生諸縣多然有常產者訴于郡縣郡守孜孜愛民有意蠲租然僚吏多云在法無此兩項又云九月正是霜降節不足爲異案白樂天諷諫杜陵叟一篇曰九

月霜降秋早寒禾穗未熟皆青乾長吏明知不申破急斂暴征求考課此明證也予因記元祐五年蘇公守杭日與宰相呂汲公書論浙西災傷曰賢哲一聞此言理無不行但恐世俗諂薄成風揣所樂聞與所忌諱爭言無災或有災而不甚損八月之末秀州數千人訴風災吏以爲法有訴水旱而無訴風災閉拒不納老幼相騰踐死者十一人由此言之吏不喜言災者蓋十人而九不可不察也蘇公及此可謂仁人之言

豈非昔人立法之初如所謂風災所謂旱霜之類非如水旱之田可以稽考懼貪民乘時或成冒濫故不輕啓其端今日之計固難添創條式但凡有災傷出於水旱之外者專委良守令推而行之則實惠及民可以救其流亡之禍仁政之上也

容齋五筆卷第八 十二則

## 白蘇詩紀年歲

白樂天爲人誠實洞達故作詩述懷好紀年歲因閱其集輒抒錄之此生知負少年心不展愁眉欲三十莫言三十是少年百歲三分已一分何况纔中年又過三十二不覺明鏡中忽年三十四我年三十六冉冉昏復旦非老亦非少年過三紀餘行年欲四十有女曰金鑾我今欲四十秋懷亦可知行年三十九歲暮日斜時忽因

時節驚年歲四十如今欠一年四十爲野夫田中學鉏穀四十官七品拙宦非由它毛鬢早改變四十白髮生況我今四十本來形貌羸衰病四十身嬌癡三歲女自問今年幾春秋四十初四十未爲老憂傷早衰惡莫學二郎吟太苦纔年四十鬢如霜下有獨立人年來四十一若爲重入華陽院病髮愁心四十三已年四十四又爲五品官面瘦頭斑四十四遠謫江州爲郡吏行年四十五兩鬢半蒼蒼蒼四十六時三月盡送

春爭得不殷勤我今四十六衰顇卧江城鬢髮蒼浪牙齒踈不覺身年四十七明朝四十九應轉悟前非四十九年身老日一百五夜月明天衰鬢蹉跎將五十關河迢遞過三千青山舉眼三千里白髮平頭五十人宦途氣味已諳盡五十不休何日休五十江城守停杯忽自思莫學爾兄年五十蹉跎始得掌絲綸五十未全老尚可且歡娱長慶二年秋我年五十一二月五日花如雪五十二人頭似霜老枝於君合先退明

年半百又加三前歲花前五十二今年花前五
十五倘年七十猶強健尚得閒行十五春去時
十一二今年五十六我年五十七榮名得幾許
我年五十七歸去誠已遲身爲三品官年已五
十八五十八翁方有後靜思堪喜亦堪嗟半百
過九年艷陽殘一日火銷燈盡天明後便見平
頭六十人六十河南尹前途足可知不准擬身
年六十上山仍未要人扶不准擬身年六十遊
春猶自有心情我今悟已晚六十方退閒今歲

目餘二十六來歲年登六十二心情多少在六十二三人六十三翁頭雪白假如醒黠欲何爲行年六十四安得不衰羸我今六十五走若下坡輪年開第七秩屈指幾多人五十八歸來今年六十六無憂亦無喜六十六年春共把十千沽一斗相看七十欠三年七十欠四歲此生那足論六十八衰翁乘衰百疾攻又問年幾何七十行欠二更過今年年七十假如無病亦宜休今日行年將七十猶須慙愧病來遲且喜同年

滿七十莫嫌衰病莫嫌貧舊語相傳聊自慰世
間七十老人稀皤然七十翁亦足稱壽考昨日
復今辰悠悠七十春人生七十希我年幸過之
白須如雪五朝臣又入新正第七旬時年七十
一行開第八秩可謂盡天年吾今已年七十一
眼昏須白頭風眩七十人難到過三更較稀七
十三人難再到今春來是別花來七十三翁旦
暮身誓開險路作通津風光拋得也七十四年
春壽及七十五俸霑五十千其多如此蘇公素

重樂天故閑亦効之如龍鍾三十九勞生已強半歲莫日斜時還爲昔人歎正引用其語又四十豈不知頭顱畏人不出何其愚我今四十二衰髮不滿梳憶在錢塘正如此回頭四十二年非行年四十九還此北窓宿吾年四十九頼此一笑喜嗟我與君皆丙子四十九年窮不死五十之年初過二衰顔記我今如此白髮蒼顔五十三家人強遣試春衫先生年來六十化道眼已入不二門紛紛華髮不足道當返六十過去

魂我年六十一頽景薄西山結髮事文史俯仰六十踰與君皆丙子各已三萬日翫味莊誦便如閱年譜也

天將富此翁

唐劉仁軌任給事中爲宰相李義府所惡出爲青州刺史及代還欲斥以罪又坐漕船覆沒免官其後百濟叛詔以白衣檢校帶方州刺史仁軌謂人曰天將富貴此翁耶果削平遼海白樂天有自題酒庫一篇云身更求何事天將富此

翁此翁何處富酒庫不曾空 注云劉仁軌詩天將富此翁以一醉爲富也然則唐史以此爲仁軌之語而不言其詩爲未審耳

## 白公說俸禄

白樂天仕宦從壯至老凡俸禄多寡之數悉載於詩雖波及宅人亦然其立身廉清家無餘積可以槩見矣因讀其集輒叙而列之其爲校書郎曰俸錢萬六千月給亦有餘爲左拾遺曰月慚諫紙二千張歲愧俸錢三十萬兼京兆戶曹

曰俸錢四五萬月可奉晨昏廩祿二百石歲可盈倉囷貶江州司馬曰散員足庇身薄俸可資家醞記曰歲廩數百石月俸六七萬罷杭州刺史曰三年請祿俸頗有餘衣食移家入新宅罷郡有餘資爲蘇州刺史曰十萬戶州尤覺貴二千石祿敢言貧爲賓客分司曰俸錢八九萬給受無虛月嵩洛供雲水朝廷乞俸錢老宜官冷靜貧賴俸優饒官優有祿料職散無羈縻官銜依口得俸祿逐身來爲河南尹曰厚俸如何用

閒居不可忘不赴同州曰誠貪俸錢厚其如身力衰爲太子少傅曰月俸百千官二品朝廷雇我作閒人又問俸厚薄百十隨月至七年爲少傅品高俸不薄其致仕曰全家遁此曾無悶半俸資身亦有餘俸隨日計錢盈貫祿逐年支粟滿囷壽及七十五俸占五十千其泛叙曰歷官凡五六祿俸及妻孥料錢隨官用生計逐年營形骸僶俛班行内骨肉勾留俸祿中其它人者如陝州王司馬曰公事閒忙同少尹俸錢多少

敵尚書劉夢得罷賓客除秘監祿俸略同曰日望揮金賀新命俸錢依舊又如何歎洛陽長水二縣令曰朱紱洛陽官位屈青袍長水俸錢貧其將下世有達哉樂天行曰先賣南坊十畝園次賣東郭五頃田然後兼賣所居宅髣髴獲緡二三千但恐此錢用不盡即先朝露歸夜泉後之君子試一味其言雖日飲貪泉亦知斟酌矣觀其生涯如是東坡云公廪有餘粟府有餘帛殆亦不然

## 白居易出位

白居易爲左贊善大夫盜殺武元衡京都震擾居易首上疏請亟捕賊刷朝廷耻以必得爲期宰相嫌其出位不悦因是貶江州司馬此唐書本傳語也案是時宰相張弘靖韋貫之弘靖不足道貫之於是爲失矣白集載與楊虞卿書云左降詔下明日而東思欲一陳於左右去年六月盜殺右丞相於通衢中迸血體礫髮肉所不忍道合朝震慄不知所云僕以書籍以來未有

此事苟有所見雖畎畝皁隷之臣不當默默況在班列而能勝其痛憤耶故武丞相之氣平明絶僕之書奏日午入兩日之内滿城知之其不與者或語以僞言或陷以非語皆曰丞郎給舍諫官御史尚未論請而贊善大夫何反憂國之甚也僕聞此語退而思之贊善大夫誠賤冗耳朝廷有非常事即日獨進封章謂之忠謂之憤亦無愧矣謂之妄謂之狂又敢逃乎以此獲辜顧何如耳況又不以此爲罪名乎白之自述如

此然則一時指爲出位者不但宰相而已也史又曰居易毋墜井死而賦新井篇以是左降前書所謂不以此爲罪名者是已

## 醉翁亭記酒經

歐陽公醉翁亭記東坡公酒經皆以也字爲絶句歐陽二十一也字坡用十六也字歐記人人能讀至於酒經知之者蓋無幾坡公嘗云歐陽作此記其詞玩易蓋戲云耳不自以爲奇特也而妄庸者作歐語云平生爲此文最得意又云

吾不能爲退之畫記退之不能爲吾醉翁亭記此又大妄也坡酒經每一也字上必押韻暗寓於賦而讀之者不覺其激昂淵妙殊非世間筆墨所能形容今盡載于此以示後生輩其詞云南方之氓以糯與秔雜以卉藥而爲餅嗅之香嚼之辣揣之枵然而輕此餅之良者也吾始取麵而起肥之和之以姜液烝之使十裂繩穿而風戾之愈久而益悍此麴之精者也米五斗爲率而五分之爲三斗者一爲五升者四三斗者

以釀五升者以投三投而止尚有五升之羸也始釀以四兩之餅而每投以二兩之麴皆澤以少水足以散解而均停也釀者必壅按而井泓之三日而井溢此吾酒之萌也酒之始萌也甚烈而微苦蓋三投而後平也凡餅烈而麴和投者必屢嘗而增損之以舌爲權衡也既溢之三日乃投九日三投通十有五日而後定也既定乃注以斟水凡水必熟而冷者也凡釀與投必寒之而後下此炎州之令也既水五日乃篘得

二㪷有半此吾酒之正也先匊半日取所謂贏者爲粥米一而水三之揉以餅麴凡四兩二物并也投之糟中熟撋而再釀之五日壓得㪷有半此吾酒之少勁者也勁正合爲四㪷又五日而飲則和而力嚴而不猛也匊絕不旋踵而粥投之少留則糟枯中風而酒病也釀久者酒醇而豐速者反是故吾酒三十日而成也此文如太牢八珍咀嚼不嫌於致力則眞味愈雋永然未易爲俊快者言也

## 白公感石

白樂天有奉和牛思黯以李蘇州所寄太湖石奇狀絕倫因作詩兼呈劉夢得其末云共嗟無此分虛管太湖來注與夢得俱典姑蘇而不獲此石又有感石上舊字云太湖石上鐫三字十五年前陳結之案陳結之並無所經見全不可曉後觀其對酒有懷寄李郎中一絕句曰往年江外拋桃葉去歲樓中別柳枝寂寞春來一杯酒此情唯有李君知注曰桃葉結之也柳枝樊

素也然後結之之義始明樂天以病而去柳枝故作詩云兩枝楊柳小樓中嫋娜多年伴醉翁明日放歸歸去後世間應不要春風因劉夢得有戲之之句又荅之云誰能更學孩童戲尋逐春風提柳花然其鍾情處竟不能忘如云病共樂天相伴住春隨樊子一時歸金羈駱馬近賣却羅袖柳枝尋放還觴詠罷來賓閣閉笙歌散後妓房空皆是也讀之使人悽然

禮部韻略非理

禮部韻略所分字有絕不近人情者如東之與冬清之與青至於隔韻不通用而爲四聲切韻之學者必強立說然終爲非是如撰字至刻於上去三韻中仍義訓不一頃紹興二十年省闈舉子兼經出易簡天下之理得賦予爲參詳官有點檢試卷官蜀士杜華云簡字韻甚窄若撰字必在所用然唯撰述之撰乃可爾如雜物撰德體天地之撰異夫三子者之撰欠伸撰杖屨之類皆不可用予以白知舉請揭榜示衆何通

遠諫議初亦難之予曰倘舉塲皆落韻如何出手乃自書一榜榜才出八廂邏卒以爲逐舉未嘗有此例即録以報主者士人滿簾前上請予爲逐一剖析然後退又靜之與靚其義一也而以靜爲上聲靚爲去聲案漢書賈誼服賦澹虖若深淵之靚顔師古注靚與靜同史記正作靜揚雄甘泉賦暗暗靚深注云靚即靜字耳今析入兩音殊爲非理予名雲竹莊之堂曰賞靜取杜詩賞靜憐雲竹之句也守僧居之頻年三易

有道人指曰靜字左傍乃爭字以故不定疊於是撤去元扁而改爲靚云

唐臣乞贈祖

唐世贈典唯一品乃及祖餘官只贈父耳而長慶中流澤頗異白樂天制集有戶部尚書楊於陵回贈其祖爲吏部郎中祖母崔氏爲郡夫人馬總准制贈亡父亦請回其祖及祖母散騎常侍張惟素亦然非常制也是時崔植爲相亦有陳情表云亡父嬰甫是臣本生亡伯祐甫臣今

承後嗣襲雖移孝心則在自去年以來累有慶澤凡在朝列再蒙追榮或有陳乞皆許回授臣猥當寵擢而顯揚之命獨未及於先人今請以在身官秩并前後合叙勲封特乞回充追贈則知其時一切之制如此伯兄文惠執政乞以巳合轉官回贈高祖旣巳得旨而爲後省封還固近無此比且失於考引唐時故事也

承習用經語誤

經傳中事實多有轉相祖述而用初不考其訓

故者如邶谷風之詩爲淫新昏棄舊室而作其詞曰宴爾新昏以我御窮宴安也言安愛爾之新昏但以我御窮苦之時至於富貴則棄我今人乃以初娶爲宴爾非惟於詩意不合且又再娶事豈堪用也抑之詩曰訏謨定命遠猶辰告毛公曰訏大也謨謀也猶道也辰時也猶與猷同鄭箋曰猶圖也言大謀定命爲天下遠圖庶事而以歲時告施之如正月始和布政也案此特謂上告下之義今詞臣乃用於制詔以屬臣

下而臣下於表章中亦用之不知其與入告爾后之告不侔也生民之詩曰誕彌厥月毛公曰誕大也彌終也鄭箋言后稷之在其母終人道十月而生案訓彌爲終其義亦未易曉至俾爾彌爾性似先公酋矣既釋彌爲終又曰酋終也頗涉煩複生民凡有八誕字誕寘之隘巷誕寘之平林誕寘之寒冰誕實匍匐誕后稷之穡誕降嘉種誕我祀如何若悉以誕爲大於義亦不通它如誕先登于岸之類新安朱氏以爲發語

之訃是巳莆田鄭氏云彌只訓滿謂滿此月耳今稱聖節曰降誕曰誕節人相稱曰誕日誕辰慶誕皆爲不然但承習膠固無由可革雖東坡公亦云仰止誕彌之慶未能免俗書之於此使子弟後生輩知之左傳王使宰孔賜齊侯胙齊侯將下拜孔曰天子使孔曰以伯舅耋老無下拜對曰天威不違顔咫尺敢不下拜下拜登受謂拜於堂下而受胙於堂上令人簡牘謝饋者輒曰謹已下拜猶未爲甚失若天威不違顔咫

尺則上四字爲天子設下三字爲人臣設故注言天鑒察不遠威嚴常在顏面之前今士大夫往往於表奏中言違顏或曰咫顏咫尺之顏全與本指爽戾如用龍顏聖顏天顏之類自無害也

長慶表章

唐自大曆以河北三鎭爲悍藩所據至元和中田弘正以魏歸國長慶初王承元劉總去鎭幽於是河北略定而穆宗以昏君崔植杜元頴王

播以爲相不能建久長之策輕徙田弘正以啓王庭湊之亂繆用張弘靖以啓朱克融之亂朝廷以諸道十五萬衆裴度元臣宿望烏重胤李光顏當時名將屯守踰年竟無成功財竭力盡遂以節鉞授二賊再失河朔迄于唐亡觀一時事勢何止可爲痛哭而宰相請上尊號表云陛下自即大位及此二年無巾車汗馬之勞而坐平鎮冀無亡弓遺鏃之費而立定幽燕以謂威靈四及請爲神武君臣上下其亦云無羞耻矣

此表乃白居易所作又翰林學士元稹求爲宰相恐裴度復有功大用妨已進取多從中沮壞之度上表極陳其狀帝不得已解稹翰林恩遇如故稹恐度欲解其兵柄勸上罷兵未幾拜相居易代作謝表其略云臣遭遇聖明不因人進擢居禁內訪以密謀恩奬太深讒謗並至雖內省行事無所愧心然上黷宸聰合當死責其文過飾非如此居易二表誠爲有玷盛德

元白制科

元白習制科其書後分爲四卷命曰策林其策頭策項各二道策尾三道此外曰美謙遜塞人望教必成不勞而理風行澆朴復雍熙感人心之類凡七十五門言所應對者百不用其一二備載於文集云

八種經典

開示悟入諸佛知見以了義度無邊以圓教垂無窮莫尊於妙法蓮華經凡六萬九千五百五字證無生忍造不二門住不可思議解脫莫極

於維摩經凡二萬七千九十二字攝四生九類入無餘涅槃實無得度者莫先於金剛般若波羅密經凡五千二百八十七字壞罪集福淨一切惡道莫急於佛項尊勝陀羅尼經凡三千二十字應念順願願生極樂土莫疾於阿彌陁經凡一千八百字用正見觀真相莫出於觀音普賢菩薩法行經凡六千九百九十字詮自性認本覺莫深於實相法密經凡三千一百五字空法塵依佛智莫過於般若波羅密多心經凡二

百五十八字是八種經具十二部合一十一萬六千八百五十七字三乘之要旨萬佛之秘藏盡矣唐長慶三年蘇州重玄等法華院石壁所刻金字經白樂天爲作碑文其叙如此予竊愛其簡明潔亮故備録之

# 容齋五筆卷第九 十二則

## 畏人索報書

士大夫得交朋書問，有懶傲不肯即答者。記白樂天《老慵》一絶句曰：「豈是交親向我踈，老慵自愛閉門居。近來漸喜知聞斷，免惱嵇康索報書。」案嵇康《與山濤絶交書》云：「素不便書，又不喜作書，而人間多事，堆案盈几，不相酬答，則犯教傷義，欲自勉強，則不能久。」樂天所云正此也。乃知畏於答書，其來久矣。

不能忘情吟

予既書白公鍾情戀素於前卷今復見其不能忘情吟一篇尤爲之感歎輒載其文因以自警其序云樂天既老又病風乃録家事會經費去長物妓有樊素者年二十餘綽綽有歌舞態善唱楊柳枝人多以曲名名之由是名聞洛下籍在經費中將放之馬有駱者籍在長物中將鬻之馬出門驤首反顧素聞馬嘶慘然立且拜婉孌有辭辭畢涕下予亦愍然不能對且命反袂

飲之酒自飲一盃快吟數十聲聲成文文無定句予非聖達不能忘情又不至於不及情者事來攪情情動不可柅因自哂題其篇曰不能忘情吟吟曰鬻駱馬兮放楊柳枝掩翠黛兮頓金羈馬不能言兮長鳴而却顧楊柳枝再拜長跪而致辭辭曰素事主十年凡三千有六百日巾櫛之間無違無失今素貌雖陋未至衰摧駱力猶壯又無虺隤即駱之力尚可以代主一步素之歌亦可以送主一盃一旦雙去有去無回故

素將去其辭也苦駱將去其鳴也哀此人之情也馬之情也豈主君獨無情哉予俯而歎仰而哈且曰駱駱爾勿嘶素素爾勿啼駱反廐素反閨吾疾雖作年雖頹幸未及項籍之將死亦何必一日之内棄騅兮而别虞兮乃目素兮素兮爲我歌楊柳枝我姑酌彼金罍我與爾歸醉鄉去來觀公之文固以遣情釋意耳素竟去也此文在　集最後卷故讀之者未必記憶東坡猶以爲楊柳枝不忍去因劉夢得春盡絮飛之句方

知之於是美朝雲之獨留爲之作詩有不似楊枝別樂天恰如通德伴伶玄之語然不及三年而病亡爲可歎也

## 擒鬼章祝文

東坡在翰林作擒鬼章奏告永裕陵祝文云大獮獲禽必有指蹤之自豐年多廩孰知耘耔之勞昔漢武命將出師而呼韓來庭効于甘露憲宗厲精講武而河湟恢復見于大中其意蓋以神宗有平唃氏之志至于元祐乃克有成故告

陵歸功謂武帝憲宗亦經營於初而續効在於二宣之世其用事精切如此今蘇氏眉山功德寺所刻大小二本及季貞給事在臨安所刻并江州本麻沙書坊大全集皆只自耘耔句下便接慓彼西戎古稱右臂正是好處却芟去之豈不可惜唯成都石本法帖真跡獨得其全坡集奏議中登州上殿三劄皆非是司馬季思知泉州刻温公集有作中丞日彈王安石章尤可笑温公以治平四年解中丞還翰林而此章乃熙

寧三年者二集皆出本家子孫而爲妄人所誤
李眞李思不能察耳坡内制有温公安葬祭文
云元豐之末天步爲艱社稷之衛中外所屬惟
是一老屏予一人名高當世行滿天下措國於
太山之安下令於流水之源歲月未周綱紀略
定天若相之又復奪之殄瘁之哀古今所共知
之者神考用之者聖母馴致其道太平可期長
爲宗臣以表後世往眞其葬庶知予懷而石本
頗不同其詞云元豐之末天步惟艱社稷之衛

存者有幾惟是一老屏予一人措國於太山之安下令於流水之原歲未及期綱紀略定道之將行非天而誰天既予之又復奪之惟聖與賢莫如天何然其所立天亦不能亡也知之者神考用之者聖毋馴致其道終於太平永爲宗臣與國無極於其葬也告諸其柩今莫能效其所以異也

歐公送慧勤詩

國朝承平之時四方之人以趨京邑爲喜蓋士

大夫則用功名進取係心商賈則貪舟車南北之利後生嬉戲則以紛華盛麗而悅夷致其實非南方比也讀歐陽公送僧慧勤歸餘杭之詩可知矣曰越俗僭宮室傾貲事雕墻佛屋尤其後耽耽擬侯王文彩瑩丹漆四壁金焜煌上懸百寶蓋宴坐以方牀胡為棄不居棲身客京坊辛勤營一室有類燕巢梁南方精飲食菌筍比羔羊飯以玉粒粳調之甘露漿一饌費千金五品羅成行晨興未飯僧日昃不敢嘗乃茲隨北

客枯粟充飢腸東南地秀絶山水澄清光餘杭幾萬家日夕焚清香煙霏四面起雲霧雜芬芳豈如車馬塵鬢髮染成霜三者孰苦樂子奚勤四方觀此詩中所謂吳越宮室飲食山水三者之勝昔日固如是矣公又有山中之樂三章送之歸勤後識東坡爲作詩集序者

委蛇字之變

歐公樂郊詩云有山在其東有水出逶夷近歲丁朝佐辨正謂其字參古今之變必有所據予

因其說而悉索之此二字凡十二變一曰委蛇本於詩羔羊退食自公委蛇委蛇毛公注行可從跡也鄭箋委曲自得之皃委於危反蛇音移左傳引此句杜注云順貌莊子載齊威公澤中所見其名亦同二曰委佗詩君子偕老委委佗佗毛注委委者行可委曲從迹也佗佗者德平易也三曰逶迤韓詩釋上文云公正貌說文逶迤衺去貌四曰倭遲詩四牡騑騑周道倭遲注歷遠之貌五曰倭夷韓詩之文也六曰威夷潘岳

詩迴谿縈曲阻峻阪路威夷孫綽天台山賦既克隮於九折路威夷而脩通李善注引韓詩周道威夷薛君曰威夷險也七曰委移離騷經載雲旗之委蛇一本作逶迤一本作委移注雲旗委移長也八曰逶移劉向九歎遵江曲之逶移九曰逶蛇後漢費鳳碑君有逶蛇之節十曰蜲蛇張衡西京賦女娥坐而長歌聲清暢而蜲蛇李善注蜲蛇聲餘詰曲也十一曰遹迆漢逢盛碑當遂遹迆立號建基十二曰威遲劉夢得詩

榔動御溝淸威遲堤上行韓公南海廟碑蜿蜿
虵虵亦然也則歐公正用韓詩朝佐不暇尋繹
之爾

東不可名園

今人亭館園池多即其方隅以命名如東園東
亭西池南館北榭之類固爲簡雅然有當避就
處歐陽公作眞州東園記最顯案漢書百官表
將作少府掌治宮室屬官有東園主章注云章
謂大材也主章掌大材以供東園大匠紹興三

十年予爲省試參詳官主司委出詞科題同院或欲以東園主章爲箴予曰君但知漢表耳霍光傳光之喪賜東園溫明服虔曰東園處此器以鏡置其中以懸尸上師古曰東園署名也屬少府其署主作此器董賢傳東園秘器以賜賢注引漢舊儀東園秘器作棺若是豈佳處乎同院驚謝而退然則以東名園是爲不可予有兩園適居東西故扁西爲西園而以東爲東圃蓋避此也

一二三與壹貳叁同

古書及漢人用字如一之與壹二之與貳三之與叁其義皆同鳴鳩序刺不壹也又云用心之不壹也而正文其儀一兮表記節以壹惠注言聲譽雖有衆多者節以其行一大善者爲謚耳漢華山碑五載壹巡狩祠孔廟碑恢崇壹變祝睦碑非禮壹不得犯而後碑云非禮之常一不得當則與壹通用也孟子市價不貳趙歧注云無二賈者也本文用大貳字注用小二字則二

與貳通用也易繫辭參天兩地釋文云參七南反又如字音三周禮設其參注參謂卿三人則三與參通用也九之與久十之與拾百之與栢亦然予頃在英州訪鄰人利秀才利新作茅齋頗淨潔從予乞名其前有兩高松因爲誦藍田壁記命之曰二松其季請曰是使大貳字否坐者皆哂蓋其人不知書信口輒言以貽譏笑昔以古字論之亦未爲失也文惠公名流杯亭曰一詠而桀借隸法扁爲壹咏讀者多以爲疑顧

第弗深考耳

何恙不巳

公孫弘爲丞相以病歸印上報曰君不幸罹霜露之疾何恙不巳顔師古注恙憂也何憂於疾不止也禮部韻略訓恙字亦曰憂也初無訓病之義蓋既云罹疾矣不應復云病師古之説甚爲明白而世俗相承至問人病爲貴恙謂輕者爲微恙心疾爲心恙風疾爲風恙根著巳深無由可攺

西漢用人人元元字

前漢書好用人人字如文帝紀人人自以爲得之者以萬數又曰人人自安難動搖元帝紀人人自以得上意食貨志人人自愛而重犯法韓信傳人人自以爲得大將曹參傳齊故諸儒以百數言人人殊張良傳人人自堅叔孫通傳吏人人奉職賈誼傳人人各如其意所出揚雄傳人人自以爲咎繇鮑宣傳人人牽引所私韓延壽傳人人問以謠俗人人爲飲張騫傳人人有

言輕重李尋傳人人自賢王莽傳人人延問嚴
安傳人人自以爲更生王吉傳人人自制是也
後漢書亦間有之如崔駰傳人人有以自優五
行志人人莫不畏憲吳漢傳諸將人人多請之
申屠剛傳人人懷憂王允傳人人自危荀彧傳
人人自安呂強傳諸常侍人人求退是也又元
元二字考之六經無所見而兩漢書多用之如
前漢文帝紀全天下元元之户武紀燭幽隱勸
元元所以化元元宣紀不忘元元元紀元元失

望元元何辜元元大困元元之民勞於耕耘元
元騷動元元安所歸命成紀元元寃失職者衆
哀紀元元不贍刑法志罹元元之不逮嚴安傳
元元黎民得免於戰國嚴助傳使元元之民安
生樂業賈捐之傳保全元元東方朔傳元元之
民各得其所魏相傳尉安元元唯陛下留神元
元鮑宣傳爲天牧養元元蕭育傳安元元而已
康衡薛宣傳哀閔元元王嘉傳憂閔元元谷永
傳以慰元元之心匈奴傳元元萬民是也後漢

光武紀下爲元元所歸賊害元元元元愁恨惠
玆元元章紀誠欲元元去末歸本元元未論深
元元之愛和紀愛養元元下濟元元順紀元元
被害質紀元元嬰此困毒桓紀害及元元鄧后
紀劉毅傳垂恩元元王昌傳元元創痍耿弇傳
元元叩心郎顗傳弘濟元元貸贍元元曹褒傳
仁濟元元范升傳元元焉所呼天免元元之急
鍾離意傳憂念元元何敞傳元元愁恨安濟元
元楊終傳以濟元元虞詡傳遭元元無妄之災

皇甫規傳平志畢力以慶元元是也予謂元元者民也而上文又言元元之民元元黎民元元萬民近於復重矣故顔注或云元元善意也

韓公潮州表

韓文公諫佛骨表其詞切直至云凡有殃咎宜加臣身上天監臨臣不怨悔坐此貶潮州刺史而謝表云臣於當時之文未有過人者至論陛下功德與詩書相表裏作爲歌詩薦之郊廟雖使古人復生臣亦未肯多遜而負罪嬰釁自拘

海島懷痛窮天死不閉目伏惟大地父母哀而憐之考韓所言其意乃望召還憲宗雖有武功亦未至編之詩書而無愧至於紀泰山之封鏤白玉之牒東巡奏功明示得意等語摧挫獻佞大與諫表不侔當時李漢輩編定文集惜不能爲之除去東坡自黄州量移汝州上表云伏讀訓詞有人材實難不忍終棄之語臣昔在常州有田粗給饘粥欲望許令常州居住輒叙徐州守河及獲妖賊事庶因功過相除得從所便讀

者謂與韓公相類是不然二表均爲歸命君上然其情則不同坡自列往事皆其實跡而所乞不過見地耳且略無一佞詞眞爲可服

燕賞逢知巳

白樂天爲河南尹日有荅舒員外云員外游香山寺數日不歸兼辱尺書大誇勝事時正值坐衙慮囚之際走筆題長句以贈之曰黃菊繁時好客到碧雲合處佳人來（謂遣英蒨二妓與舒君同遊也）酡顔一笑天桃綻清吟秋聲寒玉哀軒騎逶迤棹容

與留連三日不能回白頭老尹府中坐早衙纔退暮衙催謝希深歐陽公官洛陽同游嵩山歸暮抵龍門香山雪作留守錢文僖公遣吏以廚傳歌妓至此勞之曰山行良勞當少留龍門賞雪府事簡無遽歸也王定國訪東坡公於彭城一日棹小舟與顔長道攜盼英卿三子游泗水南下百步洪吹笛飲酒乘月而來坡時以事不得往夜著羽衣佇立黃樓上相視而笑以爲李太白死世間無此樂三百餘年矣定國既去逾

月復與參寥師泛舟洪下追憶曩游作詩曰輕舟弄水買一笑醉中蕩槳肩相摩歸來笛聲滿山谷明月正照金叵羅味此三游之勝今之燕賓者寧復有之蓋亦值知已也

端午貼子詞

唐世五月五日揚州於江心鑄鏡以進故國朝翰苑撰端午貼子詞多用其事然遺詞命意工拙不同王禹玉云紫閣曈曨隱曉霞瑤墀九御薦菖華何時又進江心鑑試與君王卻衆邪李

邦直云艾葉成人後榴花結子初江心新得鏡
龍瑞護仙居趙彥若云揚子江中方鑄鏡未央
宮裏更飛符菱花欲共朱靈合驅盡神姦又得
無又揚子江中百鍊金寶奩疑是月華沉爭如
聖后無私鑑明照人間萬善心又江心百鍊青
銅鏡架上雙紉翠縷衣李士美云何須百鍊鑑
自勝五兵符傳墨卿云百鍊鑑從江上鑄五時
花向帳前施許沖元云江中今日成龍鑑菀外
多年廢鶩陂合照乾坤共作鏡放生河海盡爲

池蘇子由云揚子江中爲鏡龍波如細縠不搖
風宮中驚捧秋天月長照人間助至公大槩如
此唯東坡不然曰講餘交翟轉回廊始覺深宮
夏日長揚子江心空百鍊只將無逸監興亡其
輝光氣焰可畏而仰也若白樂天諷諫百鍊鏡
篇云江心波上舟中鑄五月五日日午時背有
九五飛天龍人人呼爲天子鏡又云太宗常以
人爲鏡監古監今不監容乃知天子别有鏡不
是揚州百鍊銅用意正與坡合予亦嘗有一聯

云頗儲醫國三年艾不慱江心百鍊銅然去之遠矣端午故事莫如楚人競渡之的盖以其非吉祥不可施諸祝頌故必用鏡事云

容齋五筆卷第十　十二則

## 哀公問社

哀公問社於宰我宰我對曰夏后以松殷人以栢周人以栗曰使民戰栗子聞之曰成事不説遂事不諫既往不咎古人立社但若因其土地所宜木爲之初非求異而取義於彼也哀公本不必致問既聞用栗之言遂起使民戰栗之語其意謂古者弗用命戮于社所以威民然其實則非也孔子責宰我不能因事獻可替否既非

成事尚爲可諫又非遂事尚爲可諫且非既往何咎之云或謂使民戰栗一句亦出於宰我記之者欲與前言有別故加曰字以起之亦是一説然戰栗之對使出於我則導君於猛顯爲非宜出於哀公則便即時正救以杜其始兩者皆失之無所逃於聖人之責也哀公欲以越伐魯而去三家不克成卒爲所逐以至失邦其源蓋在於此何休注公羊傳云松猶容也想見其容貌而事之主人正之意也栢猶迫也親而不遠

主地正之意也栗猶戰栗謹敬貌主天正之意也然則戰栗之説亦有所本公羊云虞主用桑練主用栗則三代所奉社其亦以松栢栗爲神之主乎非植此木也程伊川之説有之

絶句詩不貫穿

夜凉吹笛千山月路暗迷人百種花棊罷不知人換世酒闌無柰客思家此歐陽公絶妙之語然以四句各一事似不相貫穿故名之曰夢中作永嘉士人薛韶喜論詩嘗立一説云老杜近

體律詩精深妥帖雖多至百韻亦首尾相應如常山之蛇無間斷齟齬處而絕句乃或不然五言如遲日江山麗春風花草香泥融飛燕子沙暖睡鴛鴦急雨梢溪足斜暉轉樹腰隔巢黃鳥並飜藻白魚跳江動月移石溪虛雲傍花鳥棲知故道帆過宿誰家鑿井交椶葉開渠斷竹根扁舟輕裹纜小徑曲通村日出籬東水雲生舍北泥竹高鳴翡翠沙僻舞鵾雞釣艇收緡盡昏鴉接翅稀月生初學扇雲細不成衣舍下筍穿

壁庭中藤刺簷地晴絲冉冉江白草纖纖七言如糝徑楊花鋪白氈點溪荷葉疊青錢筍根雉子無人見沙上鳧雛傍母眠兩箇黃鸝鳴翠柳一行白鷺上青天窓含西嶺千秋雪門泊東吳萬里船之類是也予因其說以唐人萬絕句考之但有司空圖雜題云驛步堤縈閣軍城鼓振橋鷗鳴湖鴈下雪隔嶺梅飄舴艋猿偷上蜻蜓燕競飛樵香燒桂子苔濕挂莎衣

農父田翁詩

張碧農父詩云運鋤耕斸侵晨起隴畔豐盈滿家喜到頭禾黍屬他人不知何處拋妻子杜荀鶴田翁詩云白髮星星筋骨衰種田猶自伴孫兒官苗若不平平納任是豐年也受飢讀之使人愴然以今觀之何啻倍蓰也

衛宣公二子

衛宣公二子之事詩與左傳所書始末甚詳乘舟之詩爲伋壽而作也左傳云宣公烝於庶母夷姜生伋子爲之娶於齊而美公取之生壽及

朔宣姜與公子朔譖伋子宣姜者宣公所納伋之妻翻譖其過公使諸齊使盜待諸莘將殺之壽子告之使行不可壽子載其旌以先盜殺之遂兄弟并命案宣公以魯隱四年十二月立至栢十二年十一月卒凡十有九年姑以即位之始便成烝亂而伋子即以次年生勢須十五歲然後娶既娶而奪之又生壽朔朔已能同母譖兄壽又能代爲使者以越境非十歲以下兒所能辦也然則十九年之間如何消破此最爲難

曉也

謂端爲匹

今人謂縑帛一匹爲壹端或總言端匹案左傳幣錦二兩注云二丈爲一端二端爲一兩所謂匹也二兩二匹也然則以端爲匹非矣湘山野録載夏英公鎮襄陽遇大禮赦恩賜致仕官束帛以絹十匹與胡旦旦笑曰奉還五匹請檢韓詩外傳及諸儒韓康伯等所解束帛戔戔之義自可見證英公檢之果見三代束帛束脩之制

若束帛則卷其帛爲二端五匹遂見十端正合此説也然周易正義及王弼注韓詩外傳皆無其語文瑩多妄誕不足取信按春秋公羊傳乘馬束帛注云束帛謂玄三纁二玄三法天纁二法地若文瑩以此爲證猶之可也

唐人草堂詩句

予於東圃作草堂欲采唐人詩句書之壁而未暇也姑録之于此杜公云西郊向草堂昔我去草堂草堂少花今欲栽草堂塹西無樹林白公

有別草堂三絶句又云身出草堂心不出劉夢得傷愚溪云草堂無主燕飛回元微之和裴校書云淸江見底草堂在錢起有暮春歸故山草堂詩又云暗歸草堂靜半入花源去朱慶餘稱著朱衣入草堂李涉草堂曾與雪爲隣顧況不作草堂招遠客郎士元草堂竹徑在何處張籍草堂雪夜攜琴宿又云西峯月猶在遥憶草堂前武元衡多君能寂寞共作草堂游陸龜蒙草堂秖待新秋景又云草堂盡日留僧坐司空圖

草堂舊隱猶招我茸莊今來空訝草堂新子蘭策杖吟詩上草堂皎然有題湖上草堂云山居不買剡中山湖上千峰處處閒芳草白雲留我住世人何事得相關

公穀解經書曰

孔子作春秋以一字爲褒貶大抵志在尊王至於紀年敘事只因舊史杜預見汲冢書魏國史記謂其著書文意大似春秋經推此足以見古者國史策書之常也所謂書日不書日在輕重

事體本無所系而公羊穀梁二傳每事斷之以日故窒而不通左氏惟有公子益師卒公不與小斂故不書日一說其它亦鮮今表二傳之語以示兒曹公羊云益師卒何以不日遠也葬者不及時而日渴葬也不及時而不日慢葬也過時而日隱之也過時而不日謂之不能葬也當時而不日正也當時而日危不得葬也庚寅入邴其日何難也取邑不日桓之盟不日信之也甲寅齊人伐衛伐不日此何以日至之日也壬

申公朝于王所其日何録乎内也辛巳晉敗秦
于殽詐戰不日此何以日盡也甲戌敗狄于鹹
其日何大之也子卒何以不日隱之也即位不
日穀梁最多畢者之盟不日大夫日卒正也諸
侯日卒正也日入惡入者也外盟不日取邑不
日大閟崇武故謹而日之前定之盟不日公敗
齊師不日疑戰也公敗宋師其日成敗之也齊
人滅遂其不日微國也公會齊侯盟于柯桓盟
雖内與不日信也滕陳人之婦其不日數渝惡

之也癸亥葬紀叔姬不日卒而日葬閔紀之亡
也子卒日正也不日故也有所見則日戊辰盟
于葵丘桓盟不日此何以日美之也辛卯沙鹿
崩其日重變也戊申隕石于宋是月六鷁退飛
石無知故日之鷁微有知之物故月之乙亥齊
侯小白卒此以正其日之何也壬申公朝于王
所其日以其再致天子故謹而日之日繫於月
月繫於時其不月失其所繫也丁未商臣弒其
君髡日髡之卒所以謹商臣之弒也乙巳及晉

處父盟不言公諱也何以知其與公盟以其日也甲戌取須句取邑不日此其日何也不正其再取故謹而日之也辛丑葬襄王日之甚矣其不葬之辭也乙卯晉楚戰于邲日其事敗也癸卯晉滅潞滅潞國有三術中國謹日卑國月夷狄不日其日潞子賢也甲戌楚子卒夷狄卒而不日日少進也癸酉戰于鞌其日或曰日其戰也或曰日其悉也梁山崩不日何也高者有崩道也鼷鼠食郊牛角不言日急辭也庚申莒潰惡

之故謹而日之也秋公至自會不日至自伐鄭
也丙戌鄭伯卒于操其日未踰竟也乙亥臧孫
紇出奔邾其日正紇之出也蔡世子弑其君其
不日子奪父政是謂夷之冬十月葬蔡景公不
日卒而月葬不葬者也四月楚公子比弑其君
弑君者日不日比不弑也甲戌同盟于平丘其
日善是盟也內之大事日即位君之大事也其
不日何也以年決者不以日決也定之即位何
以日也著之也宅釋時月者亦然通經之士可

以默論矣沙鹿梁山爲兩説尤不然蘇子由春秋論云公羊穀梁之傳日月土地皆所以爲訓夫日月之不知土地之不詳何足以爲喜怒其意蓋亦如此

郴應辰押字

予頃因見鄂州南樓土中磨崖碑其一刻郴字下一字不可識後訪得其人名應辰而云是唐末五代時湖北人也既載之四筆中今始究其實郴之名是已蓋以國朝寳元元年呂溱榜登

甲科今浯溪石上有大押字題云押字起於心心之所記人不能知大宋熙寧七年甲寅歲刻尚書都官員外郎武陵柳應辰時爲永州通判仍有詩云浯溪石在大江邊心記閒將此地鐫自有後人來屈指四千六百甲寅年有閩中陳思者跋云右柳都官欲以恠取名所至留押字盈丈莫知其何爲押字古人書名之草者施於文記間以自別識耳今應辰鐫刻廣傳如許已恠矣好事者從而爲之説謂能祛逐不祥眞大

而笑予得此帖乃恨前疑之非石傍又有蔣世基述夢記云至和三年八月知永州職方員外郎柳拱辰受代歸闕祁陽縣令齊術送行至白水夢一儒衣冠者曰我元結也今柳公游浯溪無詩而去予盍求之覺而心異之遂獻一詩柳依韻而和其語不工拱辰以天聖八年王拱辰榜登科殆應辰兄也輒并記之

唐堯無後

堯舜之子不肖等耳舜之後雖不有天下而傳

至於陳及田齊幾二千載惟堯之後當舜在位時即絶故禹之戒舜曰毋若丹朱傲用殄厥世又作戒曰惟彼陶唐有此冀方今失厥道亂其紀綱乃底滅亡原丹朱之惡固在所絶方舜禹之世頑不能別訪賢胄爲之立繼乎左傳載子産之辭曰唐人是因以服事夏商其季世曰唐叔虞謂唐人之季非周武王子封於晉者成王滅唐而封太叔又蔡墨曰陶唐氏既衰其後有劉累氏曰御龍范宣子曰匄之祖自虞以上爲陶唐氏在夏御龍

氏然則封國雖絶尚有子孫武王滅商封帝堯之後於薊而未嘗一見於簡策史趙言楚之滅陳曰盛德必百世祀虞之世數未也臧文仲聞蓼與六二國亡曰皋陶庭堅不祀忽諸堯之盛德豈出舜皋之下而爵邑不能及孫何也

斯須之敬

今公私宴會稱與主人對席者曰席面古者謂之賓謂之客是已儀禮燕禮篇射人請賓公曰命某爲賓賓少進禮辭又命之賓許諾左傳季

氏歛大夫酒臧紇爲客宋公兼享晉楚之大夫趙孟爲客杜預云客一坐所尊也乾道二年十一月薛季益以權工部侍郎受命使金國侍從共餞之於吏部尚書廳陳應求主席自六部長貳之外兩省官皆預凡會者十二人薛在部位最下應求揖之爲客辭不就曰常時固自有次第柰何今日不然諸公言此席正爲侍郎設何辭之爲薛終不可予時爲右史最居末坐給事中王日嚴目予曰景盧能倉卒間應對顧出一

轉語折衷之，予笑謂薛曰：孟子不云乎？庸敬在兄，斯須之敬在鄉人。侍郎姑處斯須之敬可也，明日以往，不妨復如常時。薛無以對，諸公皆稱善，遂就席。

## 丙午丁未

丙午丁未之歲，中國遇此輒有變故，非禍生於内，則夷狄外侮。三代遠矣，姑摭漢以來言之。高祖以丙午崩，權歸呂氏，幾覆劉宗。武帝元光元年爲丁未，長星見，蚩尤旗亘天，其春戾太子生。

始命將出征匈奴自是之後師行三十年屠夷死滅不可勝數及於巫蠱之禍太子父皆敗昭帝元平元年丁未帝崩昌邑立而復廢一歲再易主成帝永始二年三年爲丙午丁未王氏方盛封莽爲新都侯立趙飛燕爲皇后由是國統三絶漢業遂頹雖光武建武之時海内無事然勾引南匈奴稔成劉淵亂華之舋正是歲也殤帝安帝之立值此二年東漢政亂實基於此威帝終於永康丁未孝靈繼之漢室滅矣魏文

帝以黄初丙午終明帝嗣位司馬氏奪國兆於此時晉武太康六年七年惠帝正在東宮五胡毒亂此其源也東晉訖隋南北分裂九縣飈回在所不論唐太宗正觀之季武氏已在後宮中宗神龍景龍其事可見代宗大曆元二大盜初平而置其餘孽於河北强藩悍鎮卒以亡唐寶曆丙午敬宗遇弒大和丁未是爲文宗甘露之悲至於不可救藥僖宗光啓之際天下固已大亂而中官刼幸與元襄王熅僭立石晉開運遺

禍至今皇朝景德方脫契丹之擾而明年祥符神仙宮觀之役崇熾海内虛耗治平丁未王安石入朝惛亂宗社靖康丙午都城受圍逮于丁未汴失守矣淳熙丁未高宗上仙揔而言之大抵丁未之災又慘於丙午昭昭天象見於運行非人力之所能爲也

祖宗命相

祖宗進用宰相惟意所屬初不以内外高卑爲主若召故相則率置諸見當國者之上太平興

國中薛文惠公居正薨盧多遜沈倫在相位而趙韓王普以太子太保散秩而拜昭文咸平四年李文靖公沆爲集賢而召故相呂文穆公蒙正爲昭文景德元年文靖薨王文正公旦文穆公欽若爲參政不次補而畢文簡公士安由侍讀學士寇忠愍公準由三司使並命爲史館集賢畢公雖歷參政不及一月至和二年陳恭公執中罷劉沆在位而外召文富二公文公復爲昭文富爲集賢而沆遷史館熙寧三年韓獻肅

公絳王荆公安石同拜韓在上而先罷荆公越四年亦罷韓復爲館相明年荆公再入遂拜昭文居韓之上元祐元年召文潞公於洛司馬公自門下侍郎拜左僕射固辭乞令彥博以太師兼侍中行左僕射而已爲右以佐之宣仁不許曰彥博豈可居卿上欲命兼侍中行右僕射會臺諫有言彥博不可居三省長官於是但平章軍國重事崇寧以後蔡京凡四入輒爲首台此非可論典故也隆興元年冬湯岐公思退爲右

僕射張魏公浚爲樞密使孝宗欲命張爲左請於德壽高宗曰湯思退元是左相張浚元是右相只仍其舊可也於是出命

公孫王荊公交同年韓上仙元龍相夫僉

四年亦羅疇年亦羅疇年亦羅疇年亦羅補明年上

文居韓之上居韓之居韓之上居韓之去召文

自門下侍郎門下侍郎門下侍郎同辭

四年亦羅疇年亦羅疇年亦羅疇年亦羅補明年上

文居韓之上居韓之居韓之上居韓之去召文

自門下侍郎門下侍郎門下侍郎同辭

叅侍中行左侍中行侍中行左侍中行也爲右

日彥博當可彥博其彥博當可彥博其欲命派